東京小日子 Long stay

校園生活×打工賺錢×暢玩東京

妙妙琳・著

出發吧！體驗生活！

收到這本書的推薦序邀請時，我那年屆60歲的媽媽正在京都進行進行一個月的留學生活。三、四年前，我帶我媽去了一趟京都旅行，從此她就愛上了日本；回台立刻報名救國團日文班。然後現在每週二固定早上去老松國小上日文樂齡班，晚上去師大進修課。

20歲生我，23歲生我哥，50歲之後我媽決定要為自己而活。58歲她一個人出發去京都遊學一個月。她說，與其說是去學日文，倒不如說去體驗生活。在京都的日子，上午上課、下午自由活動。每天買一張一日券，搭著巴士四處去冒險。一日一回、一期一會。

她說她喜歡日本的生活。包括超市特價180的魚頭、路上遇到送她自家種番茄的阿嬤、週末私旅約她一起同行78歲的阿嬤、帶她進去看上七軒練舞場的陌生人。

願這本書也能帶給你一點對於生活體驗的靈感，走出去吧！

■TVBS食尚玩家 執行製作人　鍾文芳

開啟夢想小日子

妙妙琳出書了，原本對文章寫作相當陌生，到後來開了自己的部落格，寫了第一個香港百篇文章，成為部落格的里程碑，接著因緣際會去日本遊學，原本對日文一竅不通，現在儼然成為日本旅遊達人。

我的好姊妹，這個美麗的女孩，正一步步地朝自己的夢想邁進，為了幫助更多人完成遊學日本的目標，她花了非常多的心血採集素材、整理資料、實地體驗及採訪，希望拿到書的人，只要一翻開，就能循著她的脈絡，開啟這趟遊學之旅。

雖然旅日多次，也出過京阪旅遊書，但是看到她精彩詳盡的日本東京遊學介紹，還是不禁心神嚮往，很想安排時間，過上一段夢想中的東京小日子。

■旅遊專欄作家　帆帆貓

實現自我的勇氣

做自己，需要覺醒；實踐夢想，需要毅力；

遠赴他鄉自我實現，需要百分百的勇氣。

而這些在妙妙琳身上都具備了。這位外表看似柔弱，實則堅毅的女子，隻身前往日本打拚，將箇中生存的酸甜苦辣集結成冊，分享了東京留學打工的行前準備、工作技巧與生活甘苦，獻給所有擁有漂泊魂的斜槓青年們。

■中華自媒體暨部落客協會理事長　鍾婷

變成無所不知的東京通

日本是目前台灣人出國排名第一的國家，而東京更是國人到日本旅遊最常到的城市，但要怎麼玩得開心，遊得盡興，當然就需要一本好的旅遊工具書，《東京小日子》這本旅遊工具書，應該是目前市面最詳細的一本旅遊工具書，裡面從出發前的準備，到各景點的特色介紹更是鉅細靡遺，讓你到東京後的吃喝玩樂不再不知所措，相信所有讀者都可以透過這本旅遊工具書變成無所不知的東京通。

■三立戲劇監製　孫證荃

我的美好東京小日子

說起東京，並不是妙妙琳最先去到的都市，在台灣寫了幾年部落格，最後在存夠錢後到日本開始奇幻之旅，日文幾乎都不會聽，知道的人都直誇我勇敢，當然也遇到很多的困難，畢竟這不是在家鄉而是出走到一個喜歡的地方，是國際知名城市東京！

有太多人問我在東京好不好，哪邊好玩？想來留學或工作怎麼辦？所以我開始動了想要寫下這本書的念頭，想要分享給更多想知道這些的朋友們，可以更快的開心生活在日本或者旅遊時帶著趴趴走～

也沒有想過自己要寫下這本書，原先以寫香港和美妝文章為主的自己，最先寫的居然就是這段奇妙的旅程，一段意料不到的異國生活充滿好多歡笑和淚水，就要和大家慢慢的細說，希望買這本書的朋友們和我一樣勇敢的出發，一輩子就一次的異國生活一定要把握機會出走一次。

認識我的朋友都知道我以前很愛香港，每年去好幾次旅遊也寫了許多分享文章在部落客中，但是我只選擇到日本，因為對日文有興趣，且想要體驗在這裡的生活所以勇敢的來了，但是一開始來的時候因為不會說日文也經歷不少不方便的日子，和十八、九歲就來到日本的同學們不同的是，在這裡我擁有更多可以享受生活的心情，以前匆匆的來東京玩耍只知道買和吃美食。

我喜歡東京的方便，但一開始妙妙琳可是完全看不懂電車圖，因為太多路線還有分成私鐵ＪＲ等等，常常搭車時不小心錯路線或者在換電車時迷了路，如果不是真的到東京住上這麼長時間，我不會這麼上手的使用乘換案內。

以前在台北只需要簡單的慢活，到日本東京發現大家的腳步更快一些，做什麼都要很仔細，到很多地方都是輕聲細語的，還有很多很多大家都一直發私訊息到粉絲團詢問我在日本的生活如何？怎麼求生，又或者是我都在做些什麼，總之我和別人的生活方式很不一樣，但也是待了下來。

雖然這不是什麼所謂的聖經或絕對旅遊天書，卻是妙妙琳在日本的一點一滴，這本書除了可以讓喜歡妙妙琳的朋友們更了解這段很特別的生活歷程之外，最大的特點就是能讓想要打工度假或者留學而在收集資料的人也能了解更多，如果只是單純想要來旅遊也可以帶這本書跑很多有特色必造訪的景點，更可以幫首次來到日本自由行的生手朋友們更快的能自在的遊走在這個認真又優雅的城市。

日本的很多習慣和台灣真的很不一樣，從吃東西要喝冰

妙妙琳♡

水這點開始，會讓很多人一開始很難習慣，外面飄著大雪服務生仍會為客人們送上有許多冰塊在裡面發出聲響的冰水一杯，日本人都很能行走，路上計程車也真的不多，到哪都會好好的排隊而且還會很有耐心，搭車時最好不要講手機發出噪音但是這裡是可以吃東西飲料的，這些我都會在書裡面提到，讓你更快入手日本東京日常生活資訊。

這本書大概有幾個方向，包含了留學及打工度假的不一樣在哪裡，又如果要選擇其中一種要準備哪些才能夠順利的過完一年甚至更久？也有你想知道的旅遊和美食藥妝熱門商品店鋪的私心最愛分享。

東京本來對我而言只是時尚的代表，只是藥妝的天堂還有美食的集散地而已，但來到這裡當一陣子的居民後我發現並非難如登天，就像食神說的只要有心準備好之後沒有什麼是沒辦法完成的，日文白痴就在這裡（舉手）。

接下來想要感謝一些朋友們的支持和幫忙，本來也只是一個在證券公司的小小行政人員，後來因為逛愛分享開箱文，最後竟然挑戰開始寫書，但如果沒有大家的支持和幫忙協助，也不會有東京小日子一書的誕生。

感謝 Fly Japan 樂遊日顧問社佩詩大力的幫忙協助，提供很多相關的正確訊息，很幸運能有 Wafoo 玩日本陪著我去好多知名景點大吃大玩感覺很幸福，還有一開始帶著我去澎湖玩，開始寫文人生的帆帆貓，在藥妝方面也很感謝３Ｊ日本綜合案內所的協助告訴我人氣商品第一手資訊，謝謝部落客時期十分照顧我的依諜、小橘、耿耿。

當然在背後還有默默支持陪著我到出版社跑好多地方的萬能小精靈及小東，和許多在東京曾經協助幫助我的朋友們，拆組達人教我日文還有侯哥總是做好吃的飯溫暖我，感謝燒鳥屋提供好多櫻花照片還有繪製電車圖片，感謝 Maggie Lin 協助我成為直播主播，更感謝在這段期間做直播支持我的浪 live 家人們、登哥以及 only 還有莉莉醬、佳哥還有 ZIV 和所有曾辛苦協助我直播的朋友及 line 群家人：詩佑、祥哥 Grace 長期的陪伴，因為有你們支持幫助才有東京女友主播～妙妙琳。

也感謝葉勝欽老師介紹四塊玉出版社給我，讓我落實著目標走下去，更感謝收藏這本書的你，謝謝你支持著妙妙琳的作家夢想能實現，未來也希望大家喜歡妙妙琳部落格文章／新歌／新書也能來看妙妙琳直播。

開演東京小日子之前想先說說

有錢人的人才能出國長住的時代算是過去了，妙妙琳的小日子就是這樣存在的。這本書就是一個和你一樣的普通人生活在東京的經驗，準備去日本之前很多事都摸不著頭緒，網路上當然有各式各樣的建議可以找，於是很多人的資訊就是這樣東拚西湊而來的，漸漸的才會知道並非全如網路所言，妙妙琳也是這樣一項項去摸索，在前二個月的時候也度過了很想念家鄉台灣的難熬日子，覺得生活很難會問自己為什麼要花很多錢來到日本，會哭也曾經默默的在房裡一個人沮喪。

找到生活的樂趣

但就如同很多人所體會過，在外流浪的遊子思鄉情懷就是這樣一回事吧！既來之則安之，抱持著這樣的想法不斷安慰自己，不同於很多受到家人支持下來到日本生活的人，妙妙琳是在母親住療養院期間而出國的，除了要負擔母親的費用當然還有學費及住宿生活費等等，壓力肯定不會小，但有的時候就是需要一個勇氣，如果我當時沒有這樣無比的勇氣，我一定還在台灣每天寫著

部落格文章，寫著美食或者美妝怎麼分享或者置入的方式，寫的沒日沒夜，每天休息時間只有三或四個小時，而且是每天重覆著這樣一成不變的日子，偶爾心裡都覺得疲累。

在台灣並沒有什麼不好的，因為自己沒什麼特別的物慾要求，所以生活上都能簡單就過去，一恍眼就是一年、二年的過去，來到日本的時間真的很不一樣，每天都像是挑戰新的東西，但是也很多人來了不久就回去了，在這裡實在是不容易，至少要保持著一顆堅持到底的決心，畢竟人生沒有多少次機會和時間是可以在異鄉國度裡闖一闖的，我就是這樣想著日子才漸漸過的比較快一點，不管用什麼方式過來生活的朋友，我都希望你們能找到生活上的一些樂趣，這樣會更快樂！

喜歡到處跑嗎？來到東京確實是很方便，在這邊食衣住行算是十分方便免煩惱，但來到這裡從一開始的出國前的一些證件辦理必須要準備多少錢才夠生活，還有在留卡到這邊的租房子，更接下來還有手機以及家中的網路怎麼辦理。外國人能開戶存款嗎？這些必然需要面對到的問題一定要事先了解，書裡面也會詳細的演釋過一遍讓大家清楚，希望能以一個經驗者的角度對大家闡述親身經歷。

不只旅遊，還有工作

以前覺得日本是個優雅的國家，但來這生活知道他們在很多地方有自己的堅持，工作時可是非常敬業的，無論是主管多麼嚴厲的管理方式對待，都能盡力做好，因為日本講求的就是團隊精神，好像我們熟知的日本棒球一樣總是能合作無間。所以來到這裡一樣要想辦法融入當地人的環境裡，無論是來工作或者讀書都一樣要有心理準備，無論是在工作或者是學習上日本人會很仔細的注重微小細節，就像他們普遍對自己的要求頗高，所以如果覺得對方要求甚多也是正常的。

言歸正傳，這本書裡面一開始會先把去日本的方式或者最重要的住及工作問題一次都給大家把方向確立，出國前把東西都準備好了就不用擔心接下來的日子，找工作會碰到哪些問題和限制也是必須要了解的，居住若是用租房的規定更多不像台灣搬進去就有水電可用，交屋審核速度真的差很大，一定要做好心理建設。

介紹到的當然還有最推薦的好物和美食，這裡的甜點真的非常美味不能錯過，美妝品也是看的眼花瞭亂，常常和好朋友進了藥妝店要很久時間才能出去，推薦了一些妙妙琳最愛的餐廳和美妝保養好物，可以在您出遊時做參考。

帶您真正住在東京

何時來看煙火最好或者還有哪些祭典，想要體驗東京的風土民情這點是最好的方式了，即使來這裡只有一年的打工度假還是可以很充實的，只要妥善規劃，就不用像一般利用假日來觀光的遊客一樣只是匆匆來去沒有時間細細品嚐。

曾想過是否就要把整本書裡都放滿了旅遊的篇幅，最後在幾番取捨後選擇了一些妙妙琳平常推薦給好友且自己也很喜歡去或者特色的地方，若是來打工度假或旅遊時專程到這些地方去走一走其實是很不錯的回憶，還在問我哪裡好玩的朋友，這些地方是我想推薦給你的，有比較詳細的圖文解說和地址。

最後想給大家來日本時常用的一些日文小句子，畢竟在一個不同語言的國家諸多不便，在直播時常會有觀眾要我教他一點日文，如果能知道一些當地人常用的語言的話，相信可以更加輕鬆和自在，就提供一些妙妙琳所知道的日文單詞短句，讓大家能先熟悉一下，平常就能用到的日文記憶起來會更快更輕鬆。

Contents 目錄

PART 03

生活篇／好買、好吃、好玩！

Contents 目錄

PART 04

旅遊篇／想要去旅行

PART 05

附錄／旅遊小妙招

PART 01

準備篇 出發去東京

生活不會一成不變，為自己找一個全新的開始，出發去東京吧！無論是留學或打工度假，這都是讓自己視野更開闊的一趟旅程，學習獨立自主、認識新文化、感受城市的溫度、人與人之間的溫度，深刻地體驗在地生活。

想要去日本有哪些方式

留學簽證

跳離旅遊限制的框框，終於下定決心要到嚮往的日本長住一段時間，已經很多人都在粉絲頁問妙妙琳這件事，妙妙琳是以留學的方式來到日本，另外的方式還有工作簽證、打工度假簽證以及配偶或投資簽證等，其實日本的在留資格大概有三十種左右，都可以在日本入國管理局官網查到。每項簽證有不同的規定，不過近年已經算是放寬很多條件限制，身邊有不少朋友都是帶著小存款就來到日本開始他們的人生奇旅。

記得以前有聽說過在老一輩的時代若是要到東京留學，費用真的很難付出來，而現今除了爸媽資助可以到日本留學的年輕同學們，近幾年還蠻多社會人士經歷打工、工作幾年後選擇到日本來學日文充

電，或有些日文基礎的人到日本工作。建議行前最好抓半年的時間，因為要特別居住，不像旅遊可以隨時說走就走，申請的時間和流程必備的文件都需要按照規定一步步完成才行。

有時候想的太多就會讓計劃產生一些變化，出國要詳細思考、不要衝動！自己的好朋友想了許久才決定出國，發現原來出國是要一段時間的準備，像是到日本後的住房如何尋找，或者之後的生涯規劃等等，只要按部就班來，在日本生活時會更快上手。

本書會以妙妙琳的留學簽和台灣人常用的打工度假來做一個分享介紹。其他的簽證大家都可以上入管局來做查詢，會較有即時的更新資訊，每一種簽證都有其不同的時間，有的可以再續簽有的則不需要轉簽。

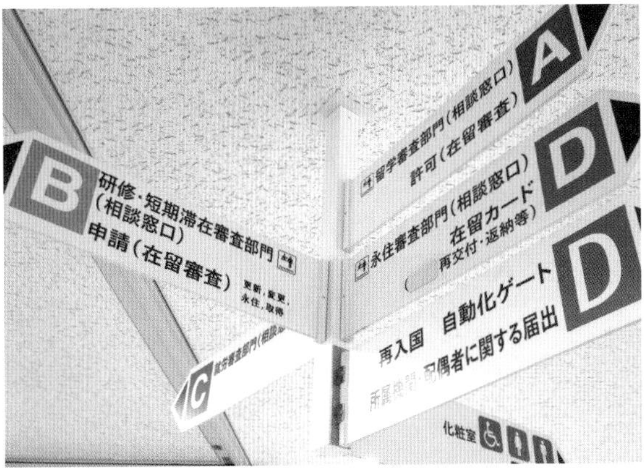

申請簽證時入國管道有很多種

工作簽證

說到留學簽證想要先提到各位來日本時，一般大眾常使用的叫做「觀光簽證」，又叫做「短期滯留簽證」，可以待在日本１５、３０或９０天不等，但每年的時間又不能超過１８０天，太頻繁的出入也會被海關特別詢問關照，所以要多注意不能投機取巧，使用觀光簽證來做為長期居留在日本的簽證，這樣是行不通的，請務必要小心才行。

妙妙琳在學校時也有看到一些同學是用這樣的簽證先來到學校，再讓學校來辦簽證延長在留時間，並取得在日本合法居留的「在留卡」和「住民票」等等，但也要先找到學校並確認學校能幫忙辦理。

如果不放心可以在台灣的時候先詢問一些留學代辦的人員會更放心，自己去找學校的人也不少，但要花一些時間去做功課或透過朋友介紹，妙妙琳要感謝 Fly Japan 樂遊日顧問社的陳小姐提供我留學代辦流程上的資訊。

留學所需要的準備事宜

報名方法

必要文件請務必備齊後，連同報名費與學院申請（可郵寄）。

入學審查 → 日本法務省入國管理局審查 → 合格通知請按通知繳費 → 領取入學許可證和在留資格認定證明書 → 申請留學簽證及來日證明

入學及報名時間（依各間學校而異，僅供參考）		
入學期	報名時間	課程時間
4月	10～11月	1年或2年
7月	2～3月	1年9個月
10月	4～5月	1年6個月
1月	8～9月	1年3個月

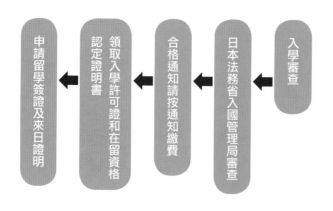

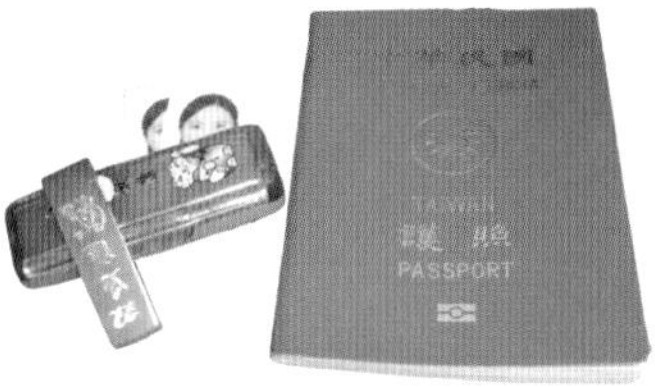

8大必備文件

以下列出基本常用的文件，注意填資料請用「黑筆」。

1	入學願書（本人親筆寫）
2	申請確認書（本人親筆寫）
3	履歷書（本人親筆寫）：説明就學理由，為什麼要學習日文的目的等等。提醒最好依打工度假的「度假」為主，打工為輔説明。
4	最終學歷畢業證書正本或畢業證明書：畢業預定者，除現在就讀學校之畢業預定證明書以外，也需提出前一學歷之畢業證書。
5	日語學習經歷證明書：一般需具有日本語能力測驗 N5 或學習時間在 150 小時以上。也因學校而異，有的只要初級不需要提出證明書。
6	照片 3 張（4x3cm）：背面請填國籍、姓名及出生年月日。
7	護照影印本：包含所有出入境記錄頁。
8	學費負擔者的資料： a.父母負擔的情況下：（1）經費支弁書（負擔者親筆簽名並加蓋印章）（2）支弁者名義的銀行存款證明書。以二年課程需有300萬日幣以上做標準。（3）證明申請者和支弁者之關係的戶籍謄本。 b.申請者自己負擔的情況下：（1）經費支弁書（負擔者親筆簽名並加蓋印章）（2）在職證明書。經營者—現在事項全部證明書或營業許可。（3）在職證明書。 c.在日親屬負擔的情況下：（1）經費支弁書（負擔者親筆簽名並加蓋印章）（2）在職證明書（3）課稅證明書（近三年度總收入記載）（4）家族全體的住民票（5）印鑑證明書。

以上文件都要三個月內的發行日期且有效，文件附日語翻譯，若日本行政指導在必要時還需要追加提出其他的證明文件。

打工度假簽證

比其他國家好的部分就是台灣每年都開放五千個讓民眾申請到日本打工度假的名額，讓台灣的青少年都能到日本體驗文化和日常生活，每年會分成二次做申請報名，各會核發二千五百件簽證，但是要注意的是拿到簽證後必須一年內出發，超過時間就無法使用這張簽證，之後即使再提出申請也無法再成為打工度假簽證的發給對象，錯失大好良機，非常可惜。

另外要注意，工作方向主要還是以度假為主所附帶的打工活動，而不能在風化場所或者特殊營業場所打工。大學生要赴日實習是課程一部分，在公私機關業務活動需辦理別種簽證，所以也無法辦理打工度假簽證，希望大家能清楚合法打工的定義。

就像水果有季節限定般，申請打工度假簽證時的年齡須在18至30歲之間，所以申請當天超過年齡一天或幾天都不行，最長也只能不超過一年並以度假為目的停留在日本；且須身體健康並且沒有犯罪記錄，還有證明足以在日本最初期間能生活的生活費，也就是要提出銀行所開出的正式財力證明來佐證。

申請簽證需本人攜帶文件向交流協會，台北或高雄事務所提出申請，不得代理或郵寄做申請，文件也都必須全部備妥若有缺件不受理，每一年申請時間是在6月初及12月初，詳細日期請上日台交流協會查詢。若有通過簽證則會統一公布，所以辦理時會有一個領證憑單若遺失會無法領證，也無法補發，所以辦理完成時務必將領證憑單收妥等待簽證通過名單的發表。

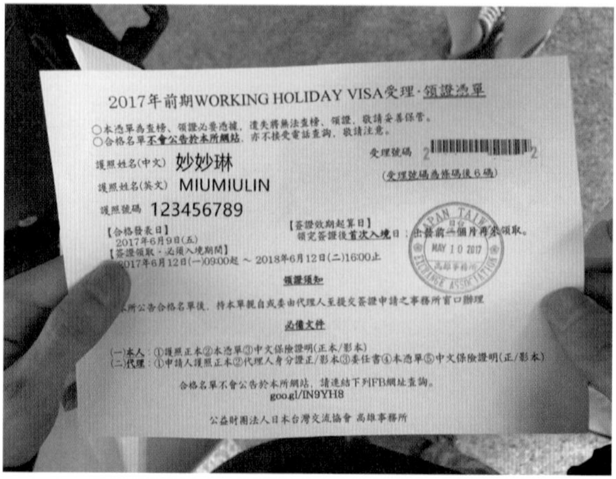

申請打工度假的憑證要留好，不能遺失

打工度假簽證 7 大注意事項

1 **申請時間**：每年 6 月初與 12 月初　**申請年齡**：須在 18 ～ 30 歲之間

2 過去未曾取得此種日本簽證

3 需身體健康並無犯罪紀錄

4 提出在日本停留的生活費證明

5 得到簽證後必須一年內出發

6 最長在日停留時間為一年

7 不得在風化場所從事打工活動

打工度假簽證通過&領證方式

本人領取

建議最好本人前往，需準備：申請人護照正本、受理領證憑單、簽證費用、已加入保險的相關證明（正本及影本）

親屬代領

需準備：申請人護照正本、代領人身分證正本、雙方關係證明文件（例如：戶籍謄本）、受理領證憑單、簽證費用、已加入保險的相關證明（正本及影本）、簽證申請人有辦理E-Gate（快速通關）者，請加附移民署發行之出入國日期證明書正本。

請友人代領

需準備：申請人護照正本、代領人身分證正本、本所制式委任書正本（須由申請人填寫）、受理領證憑單、簽證費用、已加入保險的相關證明（正本及影本）、簽證申請人有辦理E-Gate（快速通關）者請，加附移民署發行之出入國日期證明書正本。

Info	留學顧問：陳佩詩小姐（Pinky Chen）
Line	flyjapan31
Wechat	pinchan2434
E-mail	flyjapan31@gmail.com
Mobile（Taiwan）	0919-732-062
Mobile（Japan）	050-5277-9778
Website	www.fly-japan.com.tw
粉絲專頁	日本留學專家 -Fly Japan 樂遊日 fb.me/flyjapan31

工作簽證

簡單來說明工作簽證，不少打工度假後或者留學結束後還想留在日本的朋友都選擇工作簽證的方式來續留在日本，但是申請工作簽證時工作內容必須符合本身的專業，就像專攻語學的人通常從事外文或翻譯相關的工作，若是沒有日文專業、也沒有在日本留學過很可能無法申請到簽證。像是清掃或工廠作業員等等偏體力勞動的工作也是比較難取得簽證的，所以來到日本打工想要申請工作簽證，理想來說，具備N2檢定通過並且母國大專畢業程度，工作簽證審核通過的可能性比較高一點點。

樂遊日顧問社專人介紹

妙妙琳的小推薦

- Fly Japan樂遊日顧問社

這裡也推薦給大家這次協助妙妙琳完成留學這塊資訊的日本留學代辦中心，不管是長期留學或者寒暑假短期遊學或打工度假的課程，都有會中文的人長期駐日本為大家服務。

留學代辦支援提供：各地日本語言學校介紹以及生活還境和就職升學資訊，若是遊日的短期課程三個月以下或者打工度假課程也有。

專人在日本提供即時服務代辦的項目：日本語言學校申請，入學手續以及簽證辦理和住宿安排或打工介紹，手機通信介紹及協助、二手家具免費介紹、留日期間打工介紹、留日期間手機通信介紹服務。以及日語練習介紹：課餘時間想要練習，也提供日本人的日語練習者介紹。

住是一門大學問

來到東京不管是想要留學還是要打工度假或工作都是要解決最大的居住問題，但在日本租房子怕語言不能溝通，還有諸多的日本特別規定讓你摸不著頭緒，首先大家要先知道房型的差別還有各自優缺點所在，選擇符合自己喜好和預算最後再做決定，這一住下去至少都是一年起跳，一定要仔細的想清楚做好功課。

1

日本的租屋種類

• 個室（大樓或者公寓）

一般個室在日本來說幾乎都是沒有家具，大多簽兩年契約，也有一年契約的，簽約時要確認可退租無產生違約金時間，很多語言學校留學生包含妙妙琳後來都是租這樣的個室。若是打工度假或者是來短期遊學的學生只想待幾個月時間，則住在短期公寓又或者是 share house 比較划算而且方便，現在網路上還蠻多這樣的短租公寓，在條件上也比較少限制。

妙妙琳在入住個室時每個月都要繳房租和共益費（管理

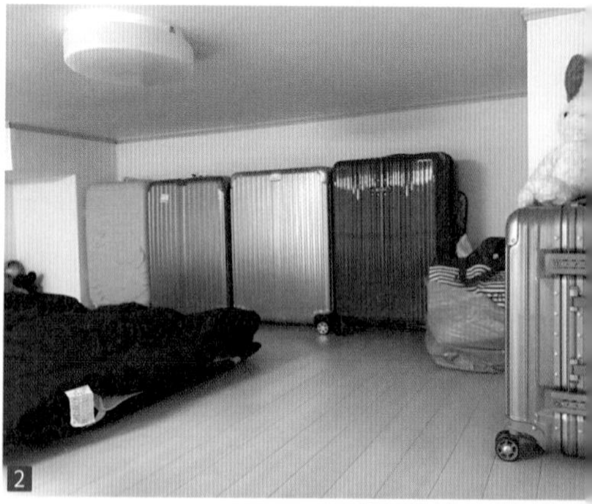

2

3

費）、水電瓦斯費（自己是平均大概1萬2千日幣）還要另計網路費，而且像是二樓一定比一樓房租貴，越高就越加價且越貴，算起來一個月也負擔不少。

優點：自己的時間空間上都比較自由，選擇上也可以完全依自己喜好，費用上若是平均攤下住到二年不見得會比較貴，其實也算划算。

缺點：住進去的時候因為空空如也，所以要添購很多生活家俱還有電器用品，但近年蠻多房子都會附一些洗衣機或者微波爐及冰箱，妙妙琳住的就是。另外還有一堆繁鎖的費用會掛在初期，例如：禮金和敷金以及仲介手續費但近年也有一些免禮金、免敷金的房屋不妨可以多方做比較貨比三家。

- **Share House**

除了個室之外Share House也是很受歡迎的租屋選項，大家有自己獨立單人房，客廳和廚房及浴室和廁所都一起共同使用和維護，有些不用禮金及仲介手續費，還有一點受外國人喜歡的是有些在簽約時不需要保證人省去很多麻煩。

優點：住進去的時候初期費用若不需要禮金那些就節省下一大筆開銷，也有一些連家具都準備好了，一卡皮箱就可以搬進去住，碰到時室友有時是外國人語言方面練習會有很大的進步空間。

1. 個室中的小流理台 2. 個室房間臥室，也可以作為儲藏室 3. 個室中的空間 4. 個室的衛浴間 5. 與室友住時會一起吃飯很愉快

• 公寓共同合租

類似 Share House 的還有公寓合租，但這多半沒有管理公司負責，所以要自行維護，可以與朋友一起住所有的瓦斯水電平均分攤。

優點：初期費用和房租水電有人可以一起分攤，壓力會輕很多，如果是第一次住在國外的人尤其是女生也會比較放心。

缺點：因為來自不同環境一起聚集同住，難免會有時有不合或者磨擦，像是生活習慣或衛生維護等等，另外有人搬走其他人房租會增加。

• 學生宿舍

留學生或語言學校就讀多半學校也會協助宿舍部分的入住，大多學生宿舍會以費用較優惠為主，多半是雙人入住較多，空間分配會比較小一點，所以也有人會找所謂的留學生會館，因為是企業所經營的，價格會比較高但是有蠻多是單人房，住起

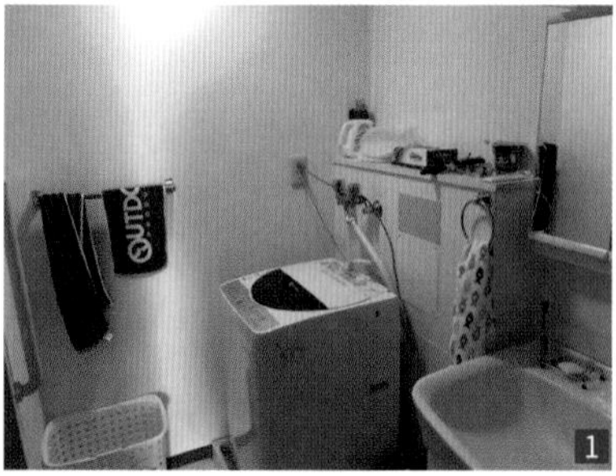

1.SHARE HOUSE 會有共同的洗衣間，浴廁多半分開　2.SHARE HOUSE 廚房

來頗為舒服，只是浴室與廁所比較少有私人房間自有的。

優點：最大的優勢就在房租較便宜，離學校很多距離是比較近的，當然也比較沒有所謂的龐大首期費用甚至是保人等。

缺點：學校共同集中管理，所以有很多是有門禁的較有限制，很多人使用同洗手間及浴室，連煮飯廚房都要輪流。

有喜歡的要趕緊請仲介聯繫

來到日本前想要找房子以前的話大家都是請認識的人一起到仲介公司請業務專員幫忙找，現在因為網路很方便所以越來越多人都在網路上自己找房子，最後選到合意的再請仲介幫忙看看能否介紹，其實在網上很多都很透明但是也要小心物件有很多是只給本國人外國人無法承租，所以如果有看到喜歡的房間就要趕緊與仲介接洽或聯繫，因為很多房子都流動很快，如果慢個一步常常都被人先下手訂走。

請到房仲公司之前先注意以下的事項：

要選好想要住的區域有哪些或車站路線有沒有喜好的，另外也要看看房間大小和房租首期和每月房租所能負擔的預算等等的設定好，再到房仲會比較快讓房仲了解狀況。

請房仲讓自己前往參觀確認房況：找到幾間符合預算和需求的房子之後，務必要到場先確認，因為很多照片又美又大，實際上的採光或大小要自己過去看參觀後一定要設想為現在成為自己的家能習慣能喜歡接受嗎？如果沒有很喜歡不要因為房仲業務專員在催促就急著訂房子，因為一簽都要住一二年所以要確定清楚才好。

妙妙琳覺得房子重點在於採光度好壞還有收納以及整個空間不要有壓迫感，收納空間夠嗎？還有交通是否離要去的學校或工作近離超市或郵局近也很重要，不然每天吃飯都很費力也很辛苦。

1. 要有電話才能租房子
2. 需備有銀行戶頭

準備入住要注意什麼？

房子確定好，就要準備房仲交待的一些證件像在留卡或者是護照還有學生證或銀行帳戶的資料等等，必須經過房仲和房東的審核簽約時一定要看清楚合約，簽約前要詳閱而且仔細解開所有疑問尤其是：至少要住多久，住不滿多久要賠違約金，加上安心保險等等的費用每月會扣多少等等，隨意的簽約有可能會產生問題。

• 即將要入住

最好的方式是和房仲先前往確認一下房子內部是否乾淨無損壞，屋裡有損壞或者是不乾淨要先拍照及記錄下來，退租時還鑰匙，日本的鑰匙有很多是備份時很貴的，盡量要注意不要遺失才好。

• 入住以後

現在多半都會交由管理公司來做管理，但如果有管理員的話就可以先去認識一下。還有最重要的是房子住進去時候水電和瓦斯都沒有一定要先排時間將其開通，否則入住時會沒水沒電很難以居住。

水電瓦斯怎麼開通？

• 水

可以將水道使用開始申書寫好直接投入郵筒後寄到水道公司即可，或者是利用網路及電話來做開通的辦理，電話部分請衡量日文程度。

• 電氣

把電氣使用申請書填好後也寫上開始使用日期寄出。或者透過網路及電話來做開通。

• 瓦斯

需要先與瓦斯公司聯絡，約好時間會有人來家裡開通，本人一定要在場才能開通，大概要在使用日的前一週開，可以在網路上查詢該住所是屬哪家公司然後打電話或者網路預約開瓦斯，有可能要保證金，請準備個一萬五至二萬左右預備，保證金多半退租時會退回。

解約（退租）

要退租時，要在契約上所規定的期限前（通常是1、2個月前），聯絡房屋仲介公司或是房東。退租日的前一個禮拜，必須將水、電、瓦斯都解約。為了避免發生糾紛，退租時一定要請房仲人員或是房東來檢查房間。完成解約後，通常敷金會全數退還。但如果是房間內的設備有損壞，好比是壁紙有壞等等，會先扣除修理費用後再退還剩下的敷金。

租屋的通關密語一把罩

術語	解說
敷金	也就是所謂保證金就像台灣所說的押金，在入住簽約時會先交到房東那裡做保證，待退租時可能會扣除清潔費和修理費用，一或二個月的租金不等。
家賃	每個月要交給房東的房租，一般來說是以月計但有時搬出時間不滿整月以天數計算。
禮金	禮金是用來感謝房東願意租房給自己，一般來說是一至二個月房租，但有時候禮金的金額可以請仲介與房東討論是否可以降低，這費用通常來說是不會退還的，所以要注意一下。
共益費	也就是像大家常聽到的管理費，會用來維護電梯和樓梯等公共區域，會和每月房租一起交，有時房仲一開始不會提到所以要先詢問。
安心保險	門鎖問題或者是臨時漏水等等的房屋一般事務處理，費用和共益費一樣，每月會隨著房租一起扣繳。
連帶保證人	如果房客沒有繳房租時保證人需要負起連帶責任，所以一般來說還會審核保證人是否有穩定工作而且最好是日本當地的人。
仲介費用	和台灣一樣不管是買賣或租都會有筆介紹費用，一般來說是一個月房租。
更新費	套房契約一般是二年，若屆時想要續費要再另付更新的契約費用。
損害保險費	發生火災時的意外投保，像台灣的房屋火災險。

找工作！開始自給自足的生活

因為出國的開銷真的很大，從每個月的學費還有房租就要台幣好幾萬若加上吃喝交通費真的很需要打工，否則一般人家庭比較無法完全供給生活所需。

在日本打工多半是要有日文會話的基礎，因為一般的服務業或工作都需要應對客人或聯絡，所以完全沒有日文基礎的同學們會比較辛苦一點要有心理上的建設，有些學校也會為大家接洽不用日文的工作，但多半是在工廠包裝食品，所以在工作的環境及勞動程度也是需要列入考量的，有的同學會為了賺錢打滿時數的工，但是沒有力氣再好好讀書也是很可惜，與最初來的初心把日文學好不同，失去了把書讀好的力氣而上課打瞌睡或者是常常太累生病請假在家休息。

工作種類

工作的部分大概分成幾種類型，妙妙琳把所知道的列出來。

• 食品工廠或者冷凍工廠

如果日文不敢說也不太會說的人可選擇先試做工廠來維持生活住和吃等開銷，在食品工廠工作一般來說每天都要穿上工作服，有的是連身的防塵衣有些女生可能不能接受無法習慣，另外為了食品健康定期還要做檢便事宜來維護食品衛生，每天要進出工作環境時也必須要消毒維持衛生，有的人每天都要喝很多水上很多次洗手間覺得不方便，如果工作服裝及工作環境有所要求的人一定要先想清楚。

• 便利商店

如果去過便利商店（7-11、全家、LAWSON等等）的人都知道裡面應有盡有，所以如果對日文很不在行又不敢開口說的，其實錄取機率就不大，如果錄取了也要面臨要短時間背起來所有店內商品的日文名稱才不會一問三不知，而常常面臨聽不懂或說了客人不理解的狀況也可能會造成店內麻煩，自己一定要多記多學，不過妙妙琳知道很多同學在便利店工作都可以有折扣的麵包或食品可以吃可省餐費，也是想練日文的人很好工作。

• 餐廳及居酒屋

妙妙琳也有同學到居酒屋或者火鍋店工作，但通常來到這至少要有N3左右程度的日文程度再去，因為餐廳一般來說節奏都很快，尤其是在忙的用餐時段，因為日本人對作要求都很依照規定而且非常敬業，有可能在忙時又無法好好的幫忙應對客人會有主管來批評，也是心理要先做好的準備，很多食物或備品的用語一時半刻若無法背好也沒有辦法去做，會造成上班時沈重的心理壓力負擔，但有比起便利商店來說有的店家給的薪資是較高的，辛苦也是會有代價。

• 渡假飯店或旅館及民宿

有些民宿願意接受N2－4級的外國人去打工，在這些地方工作的好處是有些還會提供給打工者員工宿舍，不過一般都不是

1. 一般餐廳打工需要快速的反應力但薪水通常較高　2. 妙妙琳在日本的工作－部落客

個室可能是二個人或四人一室，但在日本這個房租交通費高的地方來說如果房費可以幾乎省去或折扣許多就會省下不少費用，是想存錢接下來可以去旅遊或者度假的人蠻有利的好選擇。

• Out let或免稅店

如果日文程度有N2以上也敢說日文的朋友很適合到免稅店或out let，因為妙妙琳發現有很多店員都是台灣人或中國人，都是當初在這裡打工或打工度假後再進而成為店裡的正式店員，不過這也是要對名牌商品或售物要有熱忱的，想要工作簽不知道要如何著手的朋友們不妨從這方面的工作先著手，應該會是一個比較快速的跳板。

• 租屋或售屋房仲業務

妙妙琳也有碰到自己的好友在當房仲業務，日文真的最好要有二級或一級檢定程度對工作上比較好，畢業要和客人介紹比較專

業的房屋環境或者法規的解釋，只是這個工作的時間工作通常不太能休假日或晚上，如果自己有所規劃的朋友，要看看是否自己能接受這樣的工作時數安排，但也不少做的習慣或有興趣的之後多半會和雇主再續簽工作簽證留在日本工作。

7種打工優點各不同！

編號	內容	優點
1	食品工廠或者冷凍工廠	不須太高的日文能力
2	便利商店	可訓練客戶應對力
3	餐廳及居酒屋	可訓練反應能力，薪水較高
4	旅店	會提供打工者住宿
5	免稅店或 Outlet	很多華人同事
6	房仲類	可說日文，須了解法規
7	部落客、網紅、節目主持	可深度了解日本且記錄生活

• 部落客或YouTuBer及wafoo旅遊主持

妙妙琳來到日本前因為已經是幾年經歷的部落客，花了大概五年的時間經營了大概五、六個部落格，雖然花很多時間，但是剛好是興趣所以不會覺得辛苦。

來到日本時休息一陣子後才開始繼續寫部落格，而部落格的部分真的要長期經營，有想要以此做為工作的朋友們務必至少每週寫一篇文章，持續半年以上，才會慢慢有效果地將部落格激活擁有固定的讀者或在網路被大眾所搜尋到能見度。

經營粉絲團也是很好的方式有少數網紅也是分享日本生活而漸漸的有一些收入，旅遊網站 wafoo－玩日本剛好也找上妙妙琳來做定期的拍攝網片主持，妙妙琳很喜歡這個工作，可以較深度的針對很多知名景點做深度的半日遊介紹給大家，也豐富了自己的日本旅程。關於這個好用的粉絲團也會在妙妙琳的日本工作篇做詳細介紹，不只更知道妙妙琳的工作內容，更能上手善用這個旅遊網站。

如果不喜歡寫很多字的朋友們在近年有了新的選項，不妨選擇拍影片和大家分享自己的日本日常生活點滴也是很不錯的選擇，為自己的日本回憶留下一些記錄給家人朋友們看，做什麼都可以但求不要影響到原本來日本的初衷，學日文的朋友就要記得工作只是輔助生活的方式而非最重要的，這樣才值得來日本一次。

出發前準備些什麼

應該很多還在國內的朋友們都像妙妙琳一樣出國前會很期待日本的生活，可是又很擔心到了日本之後會很少帶了些什麼，所以我們就在這邊檢視一下出國前主要準備的東西有哪些，畢竟不是每個人都是在日本有親戚朋友的，妙妙琳把自己所列的準備清單分享給大家，可以來一一檢視看看是否有整理到，至少避免遺漏掉重要的，過海到日本去讀書可別帶著一顆緊張不安的心情。

填寫資料要用到……

護照及在留資格認定書、入學通知書、在留資格認定書、資格外活動許可

出國在外護照當然是第一重要的，其餘的像在留資格認定書和入學通知書和資格外活動許可都要隨身攜帶著不能放在託運的行李中避免不慎遺失就無法順利拿到在留卡或者不能辦入國手續。

• 證件照

常用尺寸是二吋的彩色照片，背景一般選擇白色。妙妙琳來日本時是沖洗一份大概十張左右，若不放心可以多準備一點，不能

出發囉！我們要前往日本了

戴帽要露出完整五官，另外，也可以準備個幾張一吋照片備用。

・黑色的原子筆

出入境時需要寫各式各樣的表格，身上可以不時放一支原子筆備用，日本一般填寫資料是使用黑色原子筆，也有人會準備一支自動鉛筆，不需要從台灣帶太多來，二支左右即可，不夠日本百元店或書店有。

・印章

在日本刻圖章有點貴，如果開戶或者辦很多證件通常要印章，妙妙琳來日本時還一次帶了二個，一個是銀行專用的，另一個是木頭印章，身上會至少帶著一個在剛到日本時像租房或者辦手機也都會用到。

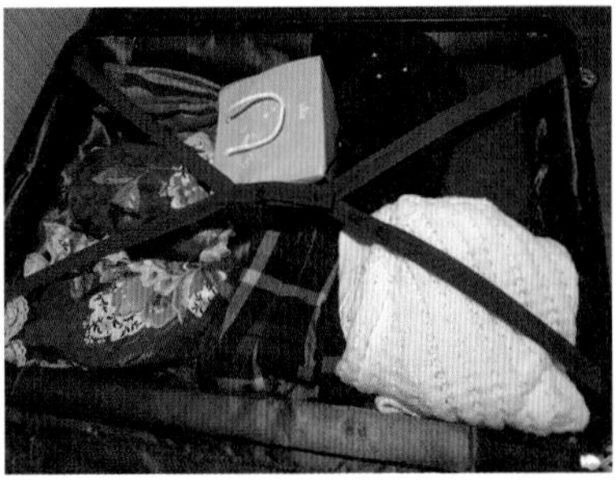

1

生活起居要用到……

・日幣及原國家的貨幣

妙妙琳來日本時就在身上帶了三個月以上的生活費，有些比較年輕的學生可能會想為什麼要準備這麼多呢？因為在日本消費很高，而且剛來到日本一定需要一段時間才能適應，一般來說如果第二或第三個月開始工作，會在到日本的第三或第四個月才會領得到薪水，如果租房等等的還要再加一些首期費，整個下來大概是抓前三個月三十五萬日幣左右是保守數字，千萬想別才帶幾萬元日幣要在日本好幾個月等工作薪水支持生活，到時會讓生活很緊張的。

・常用藥品(少量)

其實在日本藥妝店真的很多，如果一般輕微的身體不舒服通常可以在當地直接買比較方便，帶了一堆不實用的到時過期反而造成麻煩。另外留學生在日本必須要加入國民健康保險，每年再繳一定保險費，有點類似台灣的建保，但如果真不舒服提醒大家還是要看醫生醫病來抓藥。

• 習慣的日常用品

其實大多數在日本的藥妝店或百元店都有在賣，但如果一開始來怕沒空好好準備的話可以帶些在身上使用！像是牙膏、牙刷、剃鬚刀、毛巾、沐浴洗髮品，日本生活用品不貴且質感也好，可以到日本再選購。

妙妙琳有帶二副眼鏡及一堆隱形眼鏡來日本，就是怕一來時語言不通要重配困難而且也比較貴，最好在國內都先配好再出門，另外妙妙琳的剪刀指甲刀都是到當地時才購買，以免行李箱可能會爆滿甚至扛不動。

• 衣物與外套

日本每個區域的季節穿搭服裝不見得相同，先知道去時溫度如何來做好準備，西裝如果有開學式或面試時可能會用的到，但也

2

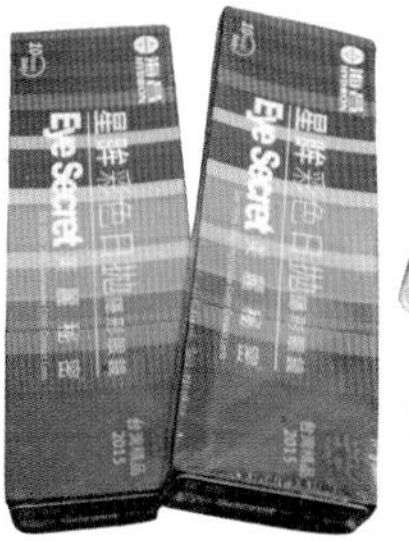

3

1. 要準備足夠的日本及國內貨幣　2. 妙妙琳準備帶的點心　3. 妙妙琳準備帶的藥品及隱形眼鏡

可以到日本再買，因為很多都有製式的款式顏色，若先買了不合格的服裝反而多此一舉，最好準備平常穿的一些實用的牛仔褲或好走的球鞋，日本很多平價時尚到日本再買就好了。

• 食物／土產

海關有些規定請出國前要看看，若是帶到肉鬆或是或是違禁品會被沒收甚至開罰如果想要帶一些家鄉味可以從一些乾貨來著手，妙妙琳到日本時也曾經因為想家，跑去上野物產店找了八寶粥和一些豆腐孔等等的老鄉料理只是價格上會稍貴。

• 棉被與枕頭

學校很多都會在宿舍裡面附上被子與枕頭，一般來說日本當地直接買約六千至八千元左右不算貴，妙妙琳來時也是買當地的被子和枕頭，大概花了八千元左右日幣購買並不貴，所以不需要從國內帶一套來真的太重也太佔行李箱的空間。

圖片提供:鋭宸專業攝影

PART 02

工作篇

一起在東京生活吧

在日本生活是什麼滋味？該注意哪些事情呢？台灣人到日本會不會很難找工作呀？聽說日本物價很高，我會不會餐餐吃土？別擔心，讓妙妙琳告訴你，哪些證件記得辦、哪些工作可以找，還有最重要的小資生活方案！

出發到日本

出發時除了前章所提到的必備物品之外，再確認一下護照及可換簽的證明還有印章是否有攜帶，因為這是到機場時換在留卡最大的依據，如果忘了帶很可能無法取得在留卡，一般短期滯留是在護照貼上短期滯留的條子做為證明。

在留卡

在日本時中長期居留者會發出的證件，是相當於身分證的重要物品，在取得後也務必隨身帶攜帶。發行在留卡是法務省入國管理局並且也是日本政府的法務大臣 - 相當台灣司法部長，就是以合法、合格身分生活在日本，通常在租房子和辦手機還有開戶時，都會用到在留卡證明自己的身分，隨身也都要帶著，若沒有帶可能被處以20萬日幣以下的罰款，還可能被特別審查是非法居留者。

相當於身分證，務必隨身攜帶

在留卡上主要是記載留日者的卡片姓名以及出生年月日、性別、國籍、住日地址、在留資格、在留期限，有效期限也會註明在卡面上，已滿16歲者為主。若是永住者有另外的規定，若因為退學或者是離婚及調職等原因造成簽證的變更，需在14天內向入境管理局提出申請，如果不慎遺失或毀損在留卡時可重新申請但需要1300元行政手續費，所以還是盡量要保留收好。

日本各機場國際線像是：成田機場、羽田機場、關西機場（大阪）、中部機場（名古屋）可以在機場特定窗口換，如果是在其他機場入境日本會在護照上蓋入境許可章，接著再以郵寄的方式來發放取得在留卡，在留卡的申請是免費的，要在護照查證前取得，所以飛機下機後要注意這張重要的證件是否在機場完成取得。

1. 入國管理局前的池袋車站
2. 在留卡

2

另外，如果是持日本打工度假簽證入境日本的話，在留卡上記載的資格會有一個特定活動也就是允許打工，一定要特別注意，如果是持留學簽來說一般每週可以打工28小時，也會在在留卡背面蓋上允許特別校外活動的章來做一個許可，若是沒有被允許的話務必事先申請再去上班，以免變成非法打工。

臨時想回國1年以上，再入境需要重新申請

要先順道提醒大家，若是來日本之後有臨時想要回國時，要記得填再入國許可證明，超過一年需要再入國許可證明，再入境日本國土就必須要再辦理入境簽證，再入國許可手續出境日本單次手續費為3000日幣，若是數次則為6000日幣，再入國許可將貼在護照中。出境不超過一年的話只要在出示護照及在留卡就可以了，但沒有在一

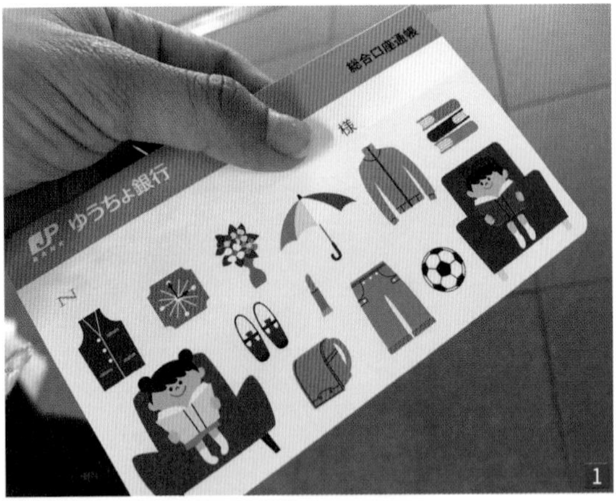

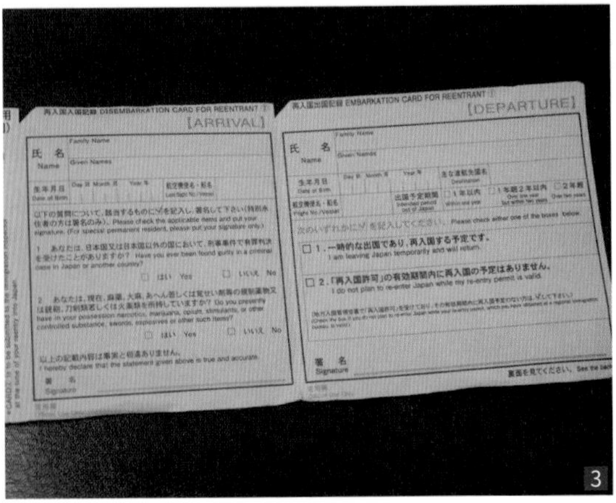

年內入境會失去在日本資格，有效期間內出國不能在日本國外申請延長有效期間，短期內回國使用的再入國許可如附圖。

一般來說如果比較頻繁的出入日本國，可能海關人員會詢問要去哪裡，何時回來還有為什麼會這麼常頻繁出，不過不用擔心都是官方的規定所以照實回覆就好。

在留卡的歸還方式

如果確定已經不再入境日本時，在出境機場繳回在留卡，繳回的在留卡上會被打洞，這張卡就會失效再發還給本人，如果本來預定要入境但沒再入境時，可以將在留卡寄到**歸還地址：〒135-0064東京都江東區青海2-7-11東京港湾合同庁舎9F東京入國管理局おだいば分室(東京入境管理局台場分局)**，倘若不履行在留卡歸還義務者，將處以20萬日幣以下之罰金，出境後若也沒履行歸還義務者，再次入境日本後，也會處以罰則。

住民票

住民票是像戶口證錄證明這樣的證件，2012年後留學生也需要登記，但平常不太用的到，多半用在考駕照或者是就業時證明的。需要注意的是無論從哪個機場來，在來日14天內要到市（區）役所做地址登記手續否則可能會有滯納金產生，如果搬家的話只要重新辦理即可，不用再等批准或著其他的政府申請只需要在新的地址當地區役所做辦理。

區役所就像戶政市務所一樣，進去的時候可以和工作的人員說是來辦住民票的，他會給你表格填寫，也常會有樣本可以看來參考，通常也很快就可以拿到住民票，會附帶地區生活指南手冊，如果當天拿不到也會根據住民票地址郵寄，但會酌收數百元的費用，通常都是用漢字做登記，過去前先查好自己名字的片假名因為在填寫資料時會用到，如果沒有查好到場會花上一些時間查詢。

1. 一般外國人最容易開戶是在郵局
2. 入國管理局請至少留半天來，多半需要數小時等待
3. 再入國申請書，若在留卡要再使用一定要出境時填寫
4. 入管局外觀

個人番號

住民票辦理時會有一個所謂的個人番號，對於學生想要超時打工及避稅方面會有特別管制，但目前工作單位通常都會要工作番號將工資綁定，所以如果打工超時都會被認定為違反入國管理法律規定，只要到一般便利店就可以印出住民票和納稅證明書只要有個人番號就能印。

國民健康保險卡

健保是在區役所辦住民票時可以辦理，通常是辦好後數天才會郵寄方式送到家，是在保險年金課辦理日本的健康

1

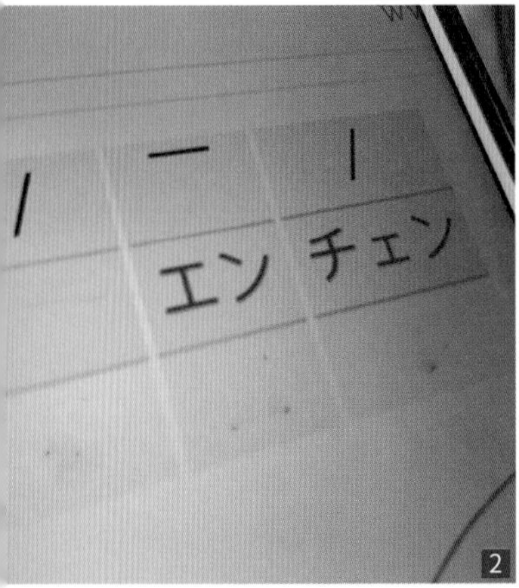

2

3

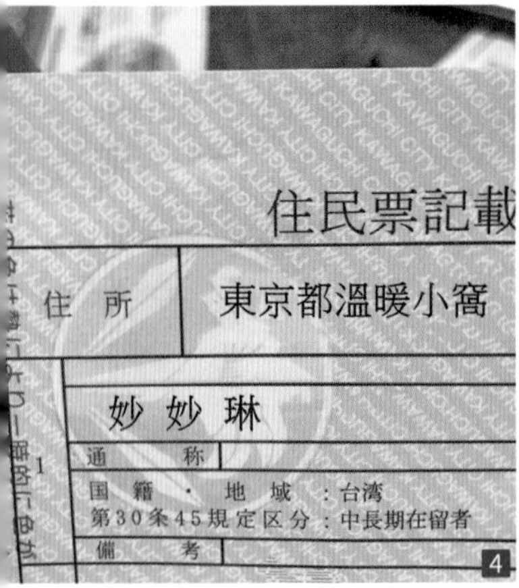

4

保險，需要有在留卡及護照還有學生證（學生才要）每個區域繳的健保費用的不太一樣，如果都沒有收入的留學生可以辦理減免，通常學生是可以辦理所謂的「減額」請進一步詢問在場人員，因為每個人的費用也有所不同，看病的話如果有加入日本健保就能夠有醫藥費補助省去不少費用。

手機門號辦理

因為要租房和開戶多半是要手機，會建議大家到日本之後盡快將手機辦理下來，日本辦門號一般來說都要搭配當地的業者的方案，在辦理前要多比較方案，手機一般如果綁方案是二年，如果中間想要解約是需要付違約金的，所以一般留學生都是付違約金的，也有所謂的學生方案，像是多半使用 line 和 FB 可以使用學生方案。Soft bank 常常都會辦一些活動，像是送丼飯或者是冰淇淋給學生的活動蠻好的，目前可以用預付卡式的廠商只有SoftBank和au，但預付卡解約的也可能要支付違約金，在辦理門號的時候還是務必要先問清楚，特別提到若是在日本買的手機很可能有一些區域限定的app無法下載，購買時要先詢問仔細。

近年廉價門號商像是Line Mobile等等也很興盛，綁約期也較短只要一年，有興趣可以上網查詢看看。

銀行開戶

有了在留卡及日本的國民健康保險卡後可以到銀行開戶，記得要攜帶在留卡及印章（平常慣用的方章即可）及護照和日本健保卡還有住民票，要先辦好手機否則很多銀行不允許開戶，也有銀行會需要學生證或者工作的員工證明，如果有也可以帶過去，但可以先詢問當地學校或者是工作的同事，因為還是有不少人不讓外國人辦理開戶，有的是住滿六個月才受理開戶，所以可以多問幾間尤其是家附近的，如果真的找不到可以先去郵局，大多郵局都能接受外國人開戶，但是一般來說不允許國外匯款，所以郵局的帳戶基本上可用做存款或者是扣繳房租及電話費用。

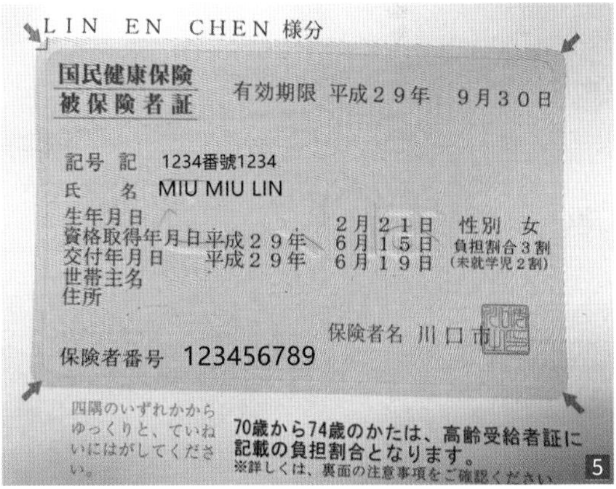

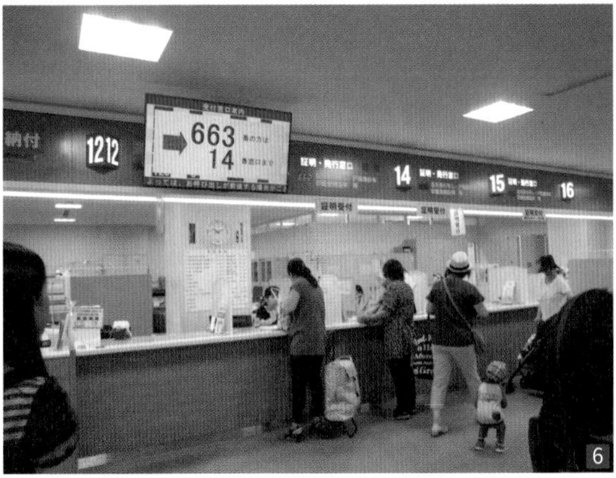

1. 入管局負責辦理各種居留卡
2. 局役所申請簽證時要查好片假名，到時申請表要填
3. 手機門號辦理
4. 相當重要的住民票
5. 健康保險卡則在市役所辦理
6. 市役所可辦理住民票及國民健康保險証

住宿時各種經驗

Share House

妙妙琳在前面已經提過住宿是一門大學問，妙妙琳到日本的期間曾經住過多人一起共同住的 Share House，後來因為搬家就選擇個人住的個室，現在就來分享妙妙琳自己還有同學們所分享的的經驗談，給還沒到日本即將前往的朋友們參考，一個人到國外要面臨的問題除了大環境的適應，住時的感受和生活品質也很重要，一開始在找房時也想過是否要自己一個人居住，但是經過思考後決定和室友們一起共住，希望能一起分攤生活費的支出，還有在想家時一開始一個人孤單能有所照應，而在和室友一起住的過程中也第一次體會到出門在外靠朋友，在一整天讀書及工作後回到家裡面有室友可以說話也蠻不錯的。

先從妙妙琳在 Share House 時大家平均付的費用來看，平均是每個月支付最少三萬八至四萬五左右，而在我們一住進去代辦的單位還蠻細心的幫我們準備了桌子和冰箱等等，一般來說是只有冷氣但是連電燈都不會附，是需要大家自行去購買的。

1. 一個人生活簡單而舒服　2. 一個人的餐點也可以很多變化　3. 小資生存法則　4. 小資女生活法 - 超市優惠商品

數據網路業者要慎選

因為沒有要看電視的需求所以當時並沒有準備電視，但家裡後來是使用wifi，妙妙琳和室友一起去辦，但解約時會有違約金產生。可以事先確認好比較不同家業者，所以wifi可以先貨比三家先詢問好再做決定，不要太倉促決定以免後悔。

在日本的社區裡面一般來說環境還蠻乾淨的，會有特定的信箱區域，也有收集垃圾和回收的區域，妙妙琳住的地方還沒有所謂的追垃圾時間，方便忙碌的大家，和室友一起住的時候，最好先與室友討論好一些需要注意的規則，像是回收物還有食物的採買分配等等，才不會因為飲食及生活習慣和整潔的分配時間不同而造成生活上的磨擦，因為留學或打工度假時間都至少一年甚至二年，如果一不和氣，後來日子如果要面臨搬家和找房子又要浪費很多時間，金錢造成很大的困擾。

不過很好的地方是，可以和室友講好一週輪流打掃或者是輪流煮飯，如果有開伙瓦斯費和食材費用還有生活用品也可以共同分擔就會減輕不少生活上的負擔，每週也可以同吃火鍋出遊，畢竟一個人煮飯食材不好抓分量也比較沒有動力的。

4

室友習慣要彼此磨合

妙妙琳是第一次住外面，室友們乾淨整潔的習慣還有每天煮飯都會叫我一起吃，真的對待妙妙很好，很感謝他們那時互相照顧，可惜後來住得遠沒能常聯絡，女生住外面其實住這樣共同居住的房子安全性也是蠻不錯的，會比較有安全感，不過有時因為晚睡洗澡吹頭髮時都會擔心吵到室友，這點是要一起協調習慣。

同學也有很多因為與不熟識的室友相處不太習慣的，有些是無法接受工作時晚歸或者是比較有自我的主張，會將房子裡面的空間佔滿，也有將冰箱中不是自己買的東西不經詢問就吃掉的，甚至也有衛生習慣不太合的，像是襪子想要與同學衣服一起洗，但同學不習慣這樣與他人共同清洗衣服覺得不太乾淨，或者洗手間用完常忘記清洗的也都有，所以大多數同學本來一開始都是住有室友的 share house 但是後來都在幾個月後自行再找個室來居住，覺得這樣自己的空間比較能控制。

1

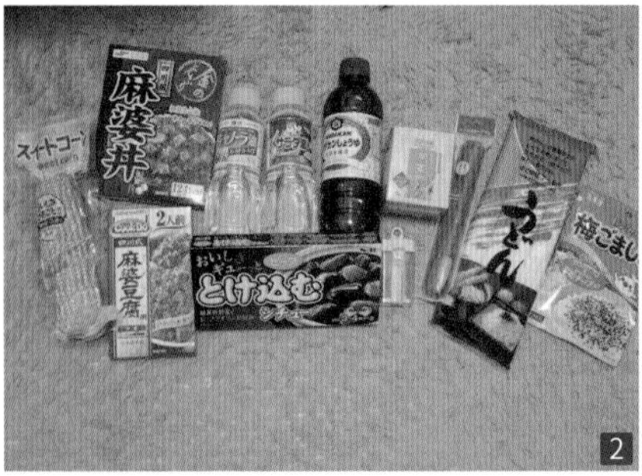

2

個室生活

接下來講講妙妙琳在日本的個室，妙妙琳住的比較久的就是這間有夾屋的個室，空間上能配合妙妙琳想把床和書桌和沙發分開的需求，可以自己分配空間較大，另外像妙妙琳是一向比較晚睡的人，一個人住才不會干擾到室友的起居。

台日文化差異

最先想到有一個就是出門的時候，如果在電梯中遇到人或者是有時走路轉角附近人家的人都會親切的和您打招呼，無論是否原先有見過面，這一點是和台灣較不一樣的地方，可以試著趁這個機會鼓起勇氣開始與鄰居們寒暄練習說說日文。

飲食談吐，都要習慣

食的文化部分和台灣一樣，也有一些屋

1. 小資男女想省錢就自己煮飯　2. 小資男女的生活，百元店讓生活容易很多　3. 個室客廳
4. 小資男女很多會到百元店找食材點心　5 文化差異，有女性專屬車廂

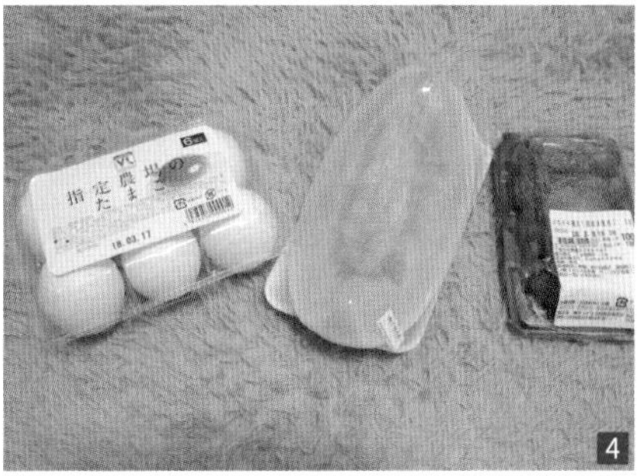

台有在賣外帶的小吃不過很多會給客人座位，而一般來說台灣捷運上不能吃東西的如果吃東西還要罰款，和台灣不一樣的是電車上是可以吃東西喝飲料，只要不會干擾到其他人，對於飲食並沒有特別的規範。

服務業說話很委婉，常常只要逛到專櫃時都會有專櫃小姐很細心的介紹，但是因為我們留學生一開始都還聽不太懂，常常滿頭都是黑人問號，有時會笑笑的和他們說我日文不夠好聽不太懂，他們還會因為無法解說到讓我們可以明白甚至充滿歉意。

女性車廂，貼心有禮

早晨通勤時有女生專用的車廂可以選擇，但通常人會較多！一般來說公共場合普遍安靜，多數日本人會閉目養神休息或者滑滑手機安靜坐車，但是很多外國人都習慣在電車上還是餐廳裡大聲喧嘩說話，這樣很容易引大家的的注意，因為在日本公眾場合是比較保持安靜或低聲說話，好比是坐車他們也不見得會想要別人讓位，因為大多數的人都不會想要造成別人困擾，日本所接受的教育就是照顧好自己，並且盡量不要依賴別人還有注意團隊精神。

但是我們一開始來時會很不習慣，不小心會大聲說話或者在電車上講了電話，晚上在家時盡量不要跑跳，還有半夜也不可以太大聲聽音樂會吵到鄰居，如果可以還是盡可能入境隨俗配合大家的方式來生活會比較好一點。

先要合群，才能融入

說到團隊精神，如同日本的國球棒球一樣，從小就被灌輸要合群融入群體才能共同生活的觀念，在工作上或者學校生活裡面，多半還是要照大眾的生活來走，這也是不錯的想法，整個大大的社會不就是因為這樣與人互相尊重而更和諧嗎？

有人覺得在日本的人情味或許淡薄一點，但另一方面禮貌上都沒有缺少，不管在工作職場或對應長輩都使用敬語，一般小孩在這裡的教育上較能學到獨立，而適應能力以及合群能力

1. 文化差異電車安靜可吃東西
2. 日本百元店大創百貨，有些比台灣更多商品
3. 驚安殿堂讓旅遊和當地遊客都買的很過癮

也會比較佳，對將來進入社會時抗壓性都會穩健一些。

小資男女的生活法則

出國通常是花費不小，不過也有可以很省錢的血拚方式可以做個功課參考，無論你是來留學工作還是旅遊，買東西平價不能夠錯過的地方還蠻多的，不來可惜一定要抽時間來逛逛買買！不管是生活中自己用的還是送給親友的都划算。

驚安的殿堂－唐吉軻德

裡面通常也是包吃包喝包水電萬物，通常都會定期與同學過去採買，尤其是白米一大包的差價都蠻多，還有電器類或廚具也很好買。還有伴手禮妙妙琳也會來這裡找一些限定版的零食，像同學和我說他也會每週去買，常常買到 39 元的香蕉或者是 149 元的草莓，便當也是有打烊超低折扣。

吉祥寺&上野二木菓子

想要各式日本各區零食則可以去上野二木菓子購買，整個日本各地區的伴手禮和中台的部分特產都可以在這邊看的到非常齊全。常常要回國第一首選都會跑去上野二木菓子挑了好幾袋，大家可能覺得誇張，但妙妙琳就是有很多粉絲要贈送，不過請不要買到忘我，最後行李重量超重喔～

留學生或自由行的溫飽

超市打烊前不少美食都會貼上特價的標籤，因為日本人還蠻重視新鮮的，當天若是沒賣出的食物要作廢，所以多半會在打烊前開始貼上五至七折的優惠，通常會在晚上七點前後，貼上一個割引字樣，3割引就是打七折喔！妙妙琳愛吃草莓，有些可能運送不順略有賣相不佳的草莓被貼上半價，讓妙妙琳吃的很開心。

百元商店百貨或Lawson100

在日本時大家都會很愛逛百元商店，當地人或遊客都會很愛，比較有名的像是大創 Daiso 或 CanDO 和 Seria，只要台幣數十元卻可以帶回各式樣生活中的好物，像是各種生活用品從衛生紙到杯子盤子，甚至是一些簡易食材像是咖哩塊或者是茶包妙妙琳也都常常到百元店做選購，如果有想省事的朋友也可以像妙妙琳買一片式的餐盤比較方便，一次用餐只會用到一個盤子，不佔空間清洗時也省時。

也很推薦大家可以購買百元店的麵條一包有四捆可以煮好幾餐，調味料還有零食飲料也很便宜，妙妙琳冬天還會去那邊找手套還有厚長襪子，有一些收納的盒子或者是提袋還有保鮮盒之類的，只要想找生活用品妙妙琳都先跑一趟百元店看看有沒有需要的，真的是學生或是旅遊的平價挖寶天堂。

優惠券超好用

別小看優惠券力量，在國外很多人都是以優惠券維生的，如果能精算的好會成為很好的幫手。很多連鎖店有專用 APP 可下載，像是麥當勞或摩斯漢堡及肯德基都有蠻多好康可以下載，但如果你以為到日本吃麥當勞很遜，其實也可以點一些台灣少有的口味，或當地才有的飲料冰品也是很不錯的，妙妙琳覺得日本的麥當勞薯條口感很好，看到室友也有收集各種雜誌或者是刊物上的抽獎或折價券，感覺都很划算。

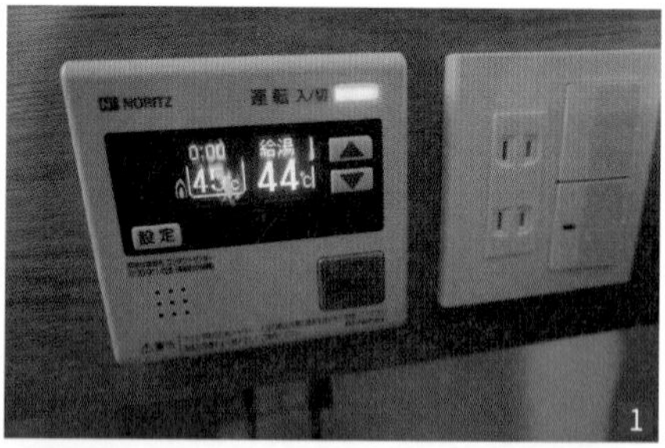

1. 比較新的熱水器會有 LCD 可看水溫　2. 烏龍麵自己做很經濟實惠　3. 日本的生活用品並不貴　4. 與室友住時會一起吃飯很愉快

會員卡可以多收集

AEON是一個很大的集團，很多百貨或者是超市都是他們集團的，帶AEON的卡出門隨身總是沒錯的，另外像是nanaco很多都有折扣在7-11也很方便，樂天的卡還有Dpoint也是超好使用的，妙妙琳因為辦手機docomo有回饋一些點數，所以後來妙妙琳都用D POINT卡吃麥當勞，雖然都一樣要消費沒有特別去計算，但沒想到吃著吃著還回饋滿多點數，可以在後來的消費之中做蠻多抵扣。

妙妙琳在日本的時候也常和同學去吃吉野家和松屋，裡面主打的就是丼飯類，大概只要三至五百日幣就能吃到，而且很晚也可以去吃，因為有不少都是２４小時營業的，上菜速度也很快所以肚子餓就可以選擇來這裡吃飽，省錢也省時。

超商便利店

妙妙琳會推薦的原因是，這裡有賣很多口味的飯糰，還有好吃的油炸食物，限定版的公仔或者是娃娃都會在不同的商店做販售，雖然只是一二百元的炸物吃起來卻很多汁，還有冬天來份正宗的關東煮，吃起來味道真的很棒有物超所值，不少雜誌的贈品有包包或者彩妝等超值的商品，如果剛好想用洗手間常常也有免治馬桶可以使用，總之便利店雖然台灣也有但總有小驚喜出現值得逛。

Out let

如果想要買名牌不妨上網找找outlet或到妙妙琳最愛的lake town走走，本來動不動就要好幾千或幾萬台幣的東西，折扣後下來就和一般店家的東西差不多，不用讓荷包大失血也可以買到質感好的設計品牌，通常很多名牌折扣下來真的很便宜，妙妙琳也曾買過售價是原價一到三折的服裝或者是鞋子，若是想要平價潮牌，不妨走一趟各地的暢貨outlet或許可以挖到不錯的寶藏。

平價時尚

這類品牌幾乎都可以在台灣看到，但如果到東京有時可以看到更便宜的售價！像是ZARA、FOREVER 21、H&M，雖然平常在台灣也都買得到，但價格上有些差價蠻多的，曾幫要好的姐妹代購買Uniqlo的保暖衣回台灣，據說一件差了好幾百元台幣，妙妙琳則是在冬天買了好多數百元的毛衣和上衣，不少代購都來這批回去賣。

東京工作和打工的心路歷程

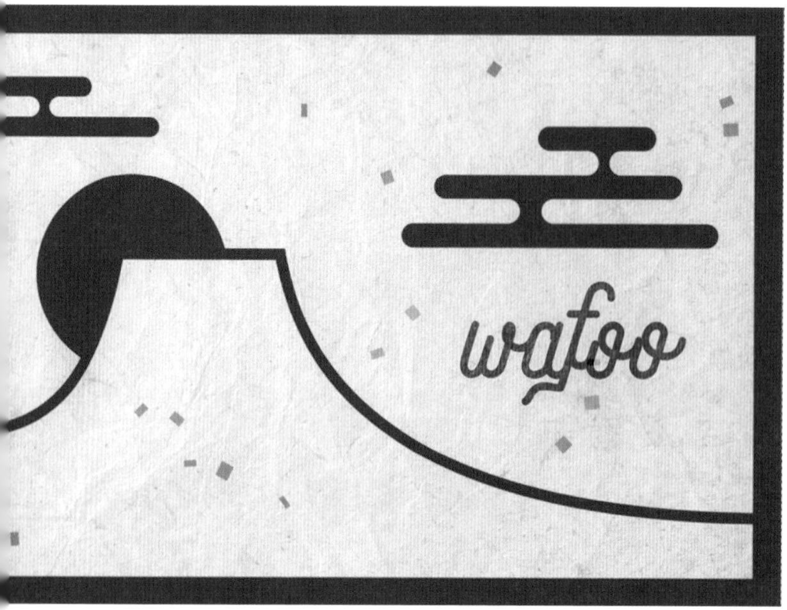

日本旅遊網站 WAFOO

在東京工作的過程我相信每個留學生或打工度假的朋友們都會有很多不同故事，一般朋友如果不會日文來到日本多半會先到學校介紹的工廠上工，先做包裝麵包或便當等商品的工作，一邊學習日文及練習口語，直到口語比較好了再開始到餐館或者是便利商店工作，工廠需要用到比較多專注力和勞力對上課較吃力。

曾經有同學表示好友的經驗是來日本時一開始先選擇燒烤店工作，後來到便利店練習日常會話，接著再挑戰到無印良品工作，一路上口語程度也要不斷精進，在換店家同時也代表著時薪一步步向上增加，到最後每小時約一千二百元左右，當然自己也要有非常好的適應能力，日本工作都是有職人精神的，這邊聊一下日本的職人精神，日本電視劇中常常有那種晚回家的部下，因為努力工作壓力太大晚上醉倒在路邊的，這都是真正發生在生活中，因為他們不管做什麼樣的工作都會投入最大心力，敬業態度在各國家中應該算是名列前茅的，像是將太的壽司裡面，對於壽司的嚴格要求和完美的執著都和現實符合，也是職人精神為什麼這麼受到注目的原因，千萬不要把台灣大而化之想法放在工作上，會發生很

妙妙的日本工作 WAFOO 影片拍攝 - 攝於川越小江戶

多挫折和問題的，因為可能主管會嚴格的管理，甚至出現較嚴苛的標準和臉色都要適應。

台灣的公司行號網路行政工作

在這裡妙妙琳都是上半天的課程，在東京妙妙琳選擇了幾樣適合自己的工作，在台灣的公司行號當行政，公司需要粉絲團的客服人員，所以一開始妙妙琳幫忙回覆粉絲頁問題，也幫公司幫忙尋找部落客幫忙撰寫文章等等工作，如果在台灣能找到是最好，一般不會日文要到日本的工作要比較留心，名額也不是那麼多。

有時在台灣會有一些外派赴日本的工作，但多半也是要有日文程度檢定的，試想想如果是在台灣，今天如果去個餐館吃飯，而上來的人是個外國人士，而且他也聽不懂點餐的需求，這樣其實會讓店家與客人都造成很大的困擾，不能怪日本人為什麼在面試選員工時會要求一定日文會話程度，因為不會無法勝任。

時間分配上要搭配好，一開始幾個月妙妙琳都在忙工作的部分，但是學習語言是每天都要花費很多時間的，所以有點可惜的是從零開始的學習在一開始的基礎沒有築的很好，如果到日本想要一邊工作一邊學習建議找不要太耗體力的工作會比較好一點，不然工作完身體很累，時間的分配上也才能夠有比較充裕的時間去看書。

部落格經營工作

妙妙琳在台灣之前就寫了好幾年的文章，雖然不是什麼華麗的文筆和配置，但是有些廠商像是美妝和美食及旅遊的會找我來寫，因為我就是用比較客觀的角度來寫，像一般客人一樣來表達，到一家店裡面整個環境以及食物的美味度等等，說起這個工作讓妙妙琳帶來的人生變化很大，本來只是因為愛旅遊的關係想要得到機票，參加了Open Rice的台灣區開站時的活動，也很榮幸可以得到冠軍到香港參加美酒佳餚節，來到日本還是有在寫，但是多半是工作的體驗性質

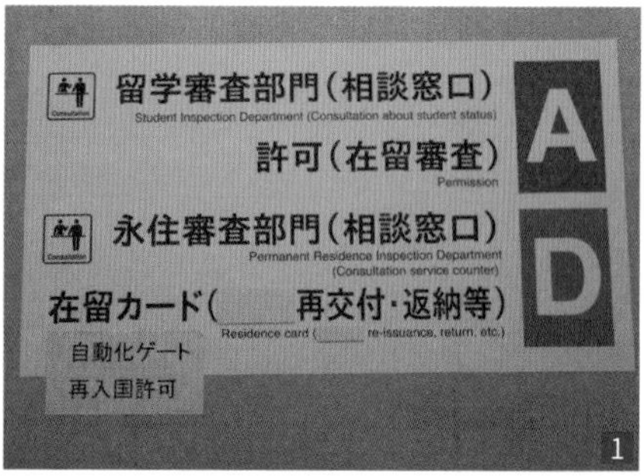

1

2

較多，因為時間上比較沒有辦法用很多在撰寫遊記或者是美妝的分享，這也算是一種取捨。

妙妙琳可以大概分享一下部落格大概的經營方向，但人人情況不同僅提供給大家參考，像妙妙琳自己是比較喜歡吃美食和旅遊的，所以先撰寫這二樣做入門，一來手上照片及資訊也較多，再其次用畫面來寫故事是相對的加分且容易些因為現在多數看部落格的人也是愛看相片較多，會建議每篇文章至少有八至十張圖片以上，如果可以的話最好可以將相片修亮一點並清晰，會比較能吸引讀者，妙妙琳因為有放多個平台，所以很幸運的可以常常上奇摩首頁和大家見面。

第二年才開始有穩定收入

妙妙琳一開始是自費或者是寫一些免費的體驗活動，到第二年左右才有比較穩定的稿費收入，這也是不少人在家或就學時的兼差最佳選擇，畢竟不會侷限在時間地點，有些朋友不愛露臉則選擇放旅遊或者是美食相

片，其實只要是大眾所需要的資訊並且持續定期的發文，不管怎麼樣的呈現方式都不會寂寞，慢慢會有人來跟隨的，這是需要熱忱的一份工作，尤其在一開始時是無條件的分享給大家。

另外，也最好能使用粉絲團將文章或照片上傳來做宣傳，增加文章的可見程度，一開始如果部落格沒有文章的話，會建議每週至少寫二篇來充實文章，直到文章至少有五十篇以上，並且文章的方向最好是大家所關心熱搜的，像是日本或香港旅遊住宿美食或者是新開餐廳踩點還有一些展覽或特定的節慶活動，好比是耶誕城最新的燈況或是哪邊剛開了櫻花或油桐花等等的，這些是比較能引起大家的關心熱搜，部落格也會慢慢的展現出價值，而吸引群眾的閱讀點閱，等到有了居定的閱讀群，會有一些旅遊的或者是產品的廠商詢問體驗，可以依自身狀況來開一點稿費，也有人不以寫文維生所以費用方面比較不會計較，建議如果想以這方面為工作務必要提早六至十二個月來做準備，並堅持發文才能夠提升部落格價值。

平常心看待最重要

關於寫文這件事也請大家用平常心來看，每個人都有自

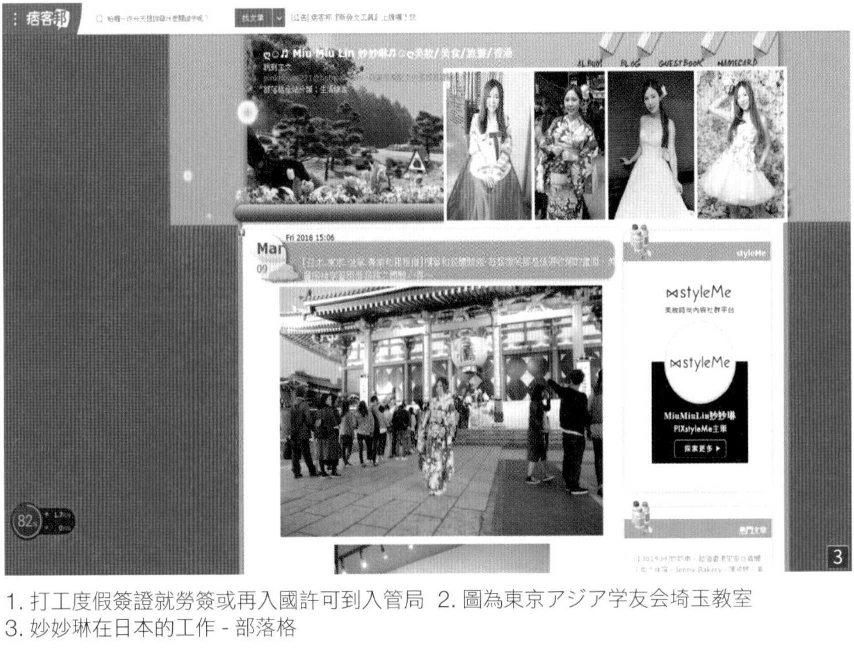

1. 打工度假簽證就勞簽或再入國許可到入管局 2. 圖為東京アジア学友会埼玉教室
3. 妙妙琳在日本的工作 - 部落格

己的風格和喜好還有做事方式，所以才會是獨一無二的，不可能有誰絕對比較精采或是自己一定就最好的事情產生，可能常常會被同業比較或者廠商會三不五時將你不需要的商品寄邀約信到信箱中，還請多衡量一下自己的時間和身體，不要為了寫文熬夜都不睡弄壞身體生病，或者是妙妙琳和很多部落客都有的通病就是手腕或頸肩疼痛，因為打字打多了，讓自己失去了陪伴家人的時間，畢竟世界上還有很多值得珍惜的事。

直播網路平台主播

在國內外都有好幾種不同的平台可以直播，目前多以手機用戶為主，妙妙琳雖然還能用文字稍做分享，但是想要練習口條說話選擇了直播主播的工作，也成為妙妙琳之後分享寫出這本書的最大動力，因為有了與粉絲們直接的互動，有不少人會詢問到日本讀書有什麼方式，需要多少錢，還是租金等等的問題，許多人也希望妙妙琳可以介紹不同主題的日本旅遊景點或者是故事，妙妙琳起心動念的將在這裡的生活記錄下來和大家分享，希望有更多人可以明白在這裡留學的概況。

關於直播平台的工作分享一下，如果在不同的國家時間地點又想要自由掌控其實做直播主播是一個很不錯的選擇，

如果本身是具有才藝可以演出的是最吃香的，如樂器或唱歌極為好聽，就是屬於比較容易生存下來的主播群，當然也有一些是屬於顏值主播，或是很親近人的型但是很會聊天陪伴大家渡過每天晚上的時光。

如果平常都沒有看過直播的人想要做主播，建議先收看20小時以上，所謂知己知彼百戰百勝，功欲善其實必先利其器。除了看看平台的主播如何和大家互動相處或表演模式的不同可以學習之外，可以熟悉整個平台的使用方式，像是禮物的換算方式或者是整個功能的使用，做主播和部落客一樣，在一開始通常是要主打自己的能見度，如果想要很多人看見的話

可以在晚上冷門時段播，或一大清早比較沒有大主播，這時容易成為小時榜的前十名，也會讓很多人能夠看的到自己。

網路旅遊平台的外景影片拍攝

妙妙琳除了寫部落格與直播之外，很幸運的還可以得到日本旅遊網 Wafoo- 玩日本的支持成為影片主持的固定配合之一，在日本能去到許多知名的景點，還能在影片中分享給大家，很符合妙妙琳喜歡分享的精神，如果想知道整個日本最新的活動或美食方面，很推薦這個網站。目前和大家互動的方式主要是粉絲專頁，除了妙妙琳也有很多人氣的 youtuber，大家可以上去看看有沒有自己喜歡的支持對象，像妙妙琳在書中介紹的橫濱和冰川神社部分有不少照片都很感謝 Wafoo 玩日本幫忙拍攝和提供，以下介紹妙妙琳代言的旅遊平台，情報資訊不輸給官方旅遊網喔！

遇見有願景的觀光公司

妙妙琳發揮部落客精神採訪了社長，社長的父親是個創業家。在1990年代時經營了一年約10億日幣銷售額的公司，卻因為途中遇到了經營的困難導致公司倒閉。從小看著父親經過一連串成功與失敗的過程，社長認識到了創業雖然是件非常困難艱辛的事情，但卻又同時能讓人生過得很有趣且充實。所以也決定跟隨父親的腳步，並將自己創立的事業發展的更加成功展現給父親看，因此創立 You.JAPAN。

2

3

1. 妙妙在日本的打工 - 浪 LIVE 主播
2. 透過與網站合作，拍攝旅遊主題的影片
3. 在日本時寫部落格常跑點，雕魚燒在日本變化好多

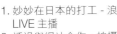

You.JAPAN是提供各類服務給訪日觀光客的公司。其實社長的母親是菲律賓人，因為身為混血兒從小就認為連結日本和亞洲各國的工作便是他的使命。也終於在日本觀光業的市場中展開了自己的事業，目標是創造出一個能讓觀光客們與日本有個美好邂逅的平台、提供任何人都會想分享給他人的情旅遊資訊，並創造出每個人都能享受旅遊的世界。

You.JAPAN的中心價值共有四個，分別為Waku-Waku mind、Change a value、Think for all、Be a user, be a professional。抱著這些中心思想經營著公司，同時也注重每一個You.JAPAN的使用者。

參與旅遊影片製作

日本在一年四季中有著不同魅力的文化、美食、土地和人，但是到現在為止因為沒有積極的向海外發展，因此造成無法提供最大價值的旅遊情報給多數的外國觀光客。

1.WAFOO 影片拍攝 - 貓咪電車採訪　2.WAFOO 社長採訪

雖然公司現在是以媒體的形式展開事業中，不過將來希望不只以數位的形式，但也能從事創立飯店和餐廳等實際型態的方式，創造出一個讓人們都能享受日本旅遊並認同日本是個上位的觀光大國的事業。

激發民眾來日本旅遊的慾望

因此希望製作出能讓觀眾身歷其境的體驗這些景點的魅力並產生「如果我來日本旅遊的話，絕對也要去去看」等共鳴，有價值且有傳染力的影片。

You.JAPAN其中的一個核心價值為「Be a user, be a professional」，因此Wafoo的影片所著重的是以觀眾的視線為出發點，也就是站在觀眾的角度去思考，什麼樣的內容或是景點是能量身打造並符合能提供給觀眾真正所需要的情報資訊，並富有質感的影片。為了能更站在觀眾的角度去發想，Wafoo製作影片時會親自到拍攝景點取材，並且從影片的構思到剪輯都是獨一無二的。

一起享受更豐富的旅程

除了單方面提供日本旅遊的資訊，如果有使用者私訊Wafoo專頁的話，Wafoo也會不吝嗇的回答使用者們的疑問，或是免費幫他們預約餐廳。若越來越多觀光客透過Wafoo能更加享受日本旅行的話就太好了。

從事這份工作的我們也樂在其中以「減少為行程煩惱的時間進而增加享受旅行時光」的理念在經營Wafoo。這樣的話即使免費也沒關係，如果網路上存在著從問題諮詢到預約服務都有的平台的話，對觀光客的幫助不是更大嗎？因此決定在Wafoo的平台上以影片的形式展開這類型的服務。也希望讀了這本書的讀者們也能使用看看Wafoo，或著是介紹給親朋好友，和大家一起進而享受更豐富更滿足的日本旅程。

PART 03

生活篇

好買、好吃、好玩

偌大東京，該去哪裡買？該去哪裡吃？跟著妙妙琳的東京生活方程式，找到絕佳的必去景點！重點介紹東京最知名的購物聖地，再逐一介紹妙妙琳心中首選的美食店家，從女孩最愛的甜品咖啡、到大快朵頤的丼飯……每一間都讓你流連忘返！吃飽喝足後，讓我們一起欣賞東京的祭典文化吧！

福

到東京就是要買買買

到日本大家都會問妙妙琳什麼美妝好用還有土產和美食，也有問說電器美妝去哪買最好或者是哪邊可以淘到寶？這章就是要推薦妙妙琳最愛的一些好吃好物，要先說明這篇皆是妙妙琳自己的「大心」推薦，沒有任何一家是贊助的美食美妝廠商，請放心服用我的心得分享（笑），我最愛逛這些店家，相信你們應該也會喜歡，尤其藥妝店裡特別推薦大家買好吃的 ORIHIRO 蒟蒻，成人小孩都喜歡吃。

吉祥寺藥妝店超多，美妝藥妝很齊全

新宿 一次買齊藥妝與3C

想要把可以逛的便宜店家一次逛完的話，可以選擇新宿來入手，因為這邊的藥妝店或者是電器行算是蠻多的，建議花一整個下午來挑選想要的好東西，不論衣服或者潮流東西都有，這也就是為什麼很多人來旅遊特別愛挑新宿住，因為好逛！

藥妝店

松本清マツモトキヨシ

東京市區有很多分店，藥妝可以先到這邊找有蠻多都是優惠價的，比較特別是有他們家自推的商品也很人氣，如果想要借 wifi 這邊也都有，提醒大家可以加入他們家的 Line，有各式的折扣，當然也是可以滿五千免稅。

info

東京都新宿區新宿 3-22-6

03-5360-4231　24 小時

大國藥妝

想要最快找到自己想要的清單可以來逛這間，裡面品項真的超多每次都看的我眼花，尤其有一些會特別做促銷會更加便宜，買五千日幣就可以來退稅，

也常常會有店員可以說中文，算是給中文語系的遊客購物上相當方便。

info

新宿歌舞伎町 1 丁目 16 番 3 号 セレサ陽栄新宿ビル 1F

03-3204-1188　09：00～01：00

OS DRUG

這家店算是比較便宜的，踏進店裡會想把不少東西打包，可能實際金額還要再加稅 8%，如果想要大買美妝可能會失望，因為以藥品的項目較多，熱銷的品項也都會很快完銷，想專買藥品的就可以先衝這家來採購清單想買的好物，不過因為已經很便宜了，所以這家沒有退稅也不能刷卡，來的時候記得帶上現金。

info

東京都新宿區新宿 3 丁目 29-13
03-3359-6121
10：00～21：00

電器量販店

Yodobashi

如果想要逛大規模、可以逛得很開心的電器量販店一定不能錯過這家。在日本不少地方有都有大型的整棟旗艦店，種類多但是比較起來價格略高，但是若有遇到打折時候會有很多好康的便宜商品，這家方便的是可以免稅，有些分店也有 Visa 再折扣，在新宿的東西口的店家目前都有提供給優惠，大家可以參考一下。

info

東京都新宿西新宿 1-11-1
03-3346-1010
09：30～22：00

Bic Camera

不管是初來到或者是常來的朋友都很難不看到這家電器行的名號，在新宿可是佇立了好幾棟，裡面可以有 8%免稅，若是喜歡折價券的朋友也可以下載官方 facebook 現成的 8%＋6%的電子折價券，很多代購都愛來這邊大量批貨，因為還能幫大家運送到機場，有些分店滿額還可免去運費，去前可以先詢問確認。

info

東京都新宿區 3-29-1
03-3226-1111(日語)
10：00～22：00

涉谷的 Bic Camera，人山人海

池袋
百貨公司輕鬆逛

妙妙琳平均一個月會來一次池袋，陪朋友來吃壽司郎或者是無敵家拉麵，當然除了吃美味料理以外，最重要的就是這邊有很好逛的「SEIBU 西武」和「PARCO 百貨公司」和大型電器行「LABI」和「Bic Camera」旗艦店的所在地。妙妙琳有次帶著國小同學來到池袋西武百貨買知名嬰兒香菇毯子，和台灣的販售差價會到一、二千元台幣，記得如果是遊客都可以退稅，而附近的 LABI 及 Bic Camera 也是妙妙琳幾次陪朋友們來買吹風機和炊飯機的電器控天堂。另外還有二棟 Uniqlo 和 Gu 讓大家可以一直買、一直逛，西武百貨對面有驚安的殿堂和珍珠奶茶及百元商店，讓愛購物血拚的人有得逛、有得吃，不會無聊、不會餓到。

1. 西武百貨對面有家珍珠奶茶店元店 2.Bic Camera 電器超好逛 3. 池袋百元店總是人氣很高

涉谷
時尚品牌指標區

這是年輕人都很愛來的地方，尤其之前超有名的「109百貨」前有膚色健康的辣妹，109百貨裡面賣的價格很多都蠻平易近人的，款式也是很多女生愛的淑女款，如果對品牌有喜愛的朋友，可以來逛逛日本的 ZARA、H&M、BERSHKA、FOREVER21 還有諸多運動品牌和潮牌，而世界上著名的十字路口可以到車站對面的「TSUTAYA百貨」的星巴克裡向外看，親見行人匆忙穿越的知名的畫面。

另外不少人都很愛吃的「一蘭拉麵」在這邊也可以吃到，整棟的 LOFT 雜貨旗艦店妙妙琳一踏進去逛出來都已經過了二小時，如果下次有空還是會想要花個半天在裡面逛，新奇或者是手作創意的產品這邊特別多，無論是派對用品或者是平時喜歡做料理和居家用生活用品、想要質感特別的，來這邊挑是個很好的選擇。

1. 從 TSUTAYA 百貨裡的星巴克，欣賞超壯觀的世界路口之一 2. 涉谷站前的巴士不時變換各種人氣主題 3.109 百貨，充滿年輕時尚的商品

原宿

超多個性服飾與美妝店

妙妙琳有些朋友很愛來原宿逛，可以先走一趟「明治神宮」和「代代木公園」，最後回來原宿這邊逛街，店家還蠻多類型的，從生活用品到吃的點心甚至是貓咪咖啡的店家都有，若想要找比較成熟的款式這邊可能不多，但是超多不同類型化妝品或者是迪士尼旗鑑店也是大家可以去的。妙妙琳每次來都會看到好多人在路上吃著彩色綿花糖和可麗餅，更有許多五百至一千元日幣的鞋子，省錢逛街來這很讚，如果喜歡打扮的 cosplay 這邊有很多人穿著，不會有太大的違和感很適合來。

1. 原宿竹下通每到週末擠滿國內外人潮
2. 這裡的服裝年輕，有鮮明的個人風格

上野／御徒町

賞櫻、逛街、買土產

為什麼要把這二個站放在一起呢？其實上野站真的很大，東京各區搭車來都很容易，而這邊有很適合賞櫻時間來的上野恩賜公園，有小朋友也可以一起去上野動物園全家同樂。而妙妙琳每每回台灣前都會找時間來逛的「二木菓子」也是要特別推薦給大家的，因為這邊的零食種類非常的多，不論是日本當地的或者東南亞地區的都有，想購買土產、伴手禮或者是想家想買點家鄉味道的產品，也有很多中國或台灣料理的物產店都可以找的到，但當然費用是己經含了坐飛機的費用不會便宜。

1. 櫻花季節上野公園美景宜人
2. 御徒町二木菓子旁的章魚燒人氣很旺

有樂町
文青最愛書店、咖啡廳

有樂町聽名字就知道有很多樂趣，女生最愛的「LUMINE」和「0101丸井百貨」，讓人已經逛的腳都停不下來，累了可以走到一旁的Loft看看可愛的雜貨，妙妙琳第一次來時是和當時的室友一起來逛日本的MUJI旗艦店，裡面適合全家一起來的，除了有文具還有家具及服飾、書店、咖啡廳、麵包店。第一次見到的無印良品Book Store也讓妙妙琳開了眼界，連腳踏車都有賣，更有小朋友的遊戲區域。如果想要訂製服飾和繡名的商品則要等一個工作天，大區域的植物盆栽區，彷若大型賣場一樣，卻充了設計簡約的質感，讓人可以在裡面待著逛著下雨天也不用怕。

有樂町無印良品書店

吉祥寺
逛百元商店、大吃美食

離吉卜力三鷹美術館還有井之頭公園距離都近，可以把這裡列為一日遊的景點，有許多藥妝店集聚，妙妙琳在這買到很便宜的帆船巧克力餅乾每盒98日幣，離東京市區約二十分鐘，百元店這邊也有開，別忘了可以吃「さとうSATOU 牛肉丸」，炸的又香鮮嫩多汁，一咬下去讓人忍不住一口接一口。「くりこ庵 鯉魚王鯛魚燒」也是神奇寶貝迷很愛的。還有「NEW YORK JOE EXCHANGE」則是超便宜卻很具質感的二手衣店，衣服乾淨漂亮和新衣幾乎是一樣感覺，以及妙妙琳愛的「不思議貓之森」，後面美食推薦篇章妙妙琳也會詳細的再做介紹。

1.吉祥寺的美妝店聚集成區 2.巧克力帆船餅乾在吉祥寺可以買到優惠價格

妙妙琳最喜歡！

美妝藥妝店必買清單

以下是妙妙琳的大心推薦，就大概介紹品牌大家可以參考一下，
都是妙妙琳平時自費買來用，以個人角度來看最愛的推薦給大家。

面膜、卸妝

1.Saborino早安60秒面膜

2.Bifesta水嫩即淨卸妝棉（金色版）

每天回家卸妝和保養都很重要，如果都很忙就可以買這二款，早上起床後趁著做早餐時間敷上一分鐘可以讓妝容服貼更吃妝，方便的抽取式包裝不用每天撕面膜包，乾肌女生可以試看看喔！卸妝棉的部分有分成好幾款不同的，而我買的是金色特濃淨卸妝棉，可以將妝容卸的很乾淨且不會覺得澀或黏黏的，很適合旅行出差用。

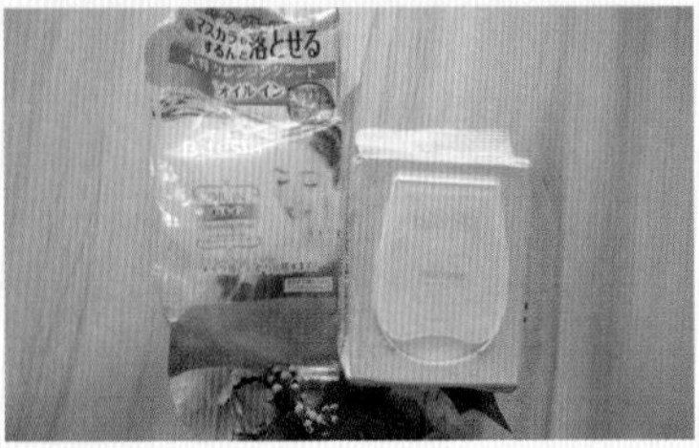

眼影

1.Canmake四色眼影#04/三色眼影#07

2.VISEE眼影GD-01

3.Media三色眼影PK-01

4.EXCEL四色眼影#SR05

妙妙琳很愛眼影類的商品，一次剛好有點數可以折抵，一次就買齊了這些很顯色的百搭眼影，包裝也好華麗。如果要說好用，Media、EXCEL 牌子也是眼影控可以試試的，另外妙妙琳非常愛用 VISEE 的四色眼影和經典款的眼影膏，還有其他二款則是人氣很旺美妝榜上也能常看到出現。

粉餅、修容

1.Canmake棉花糖蜜粉餅#MO

2.Canmake花漾戀愛修容#09勃艮地小花

3.Canmake愛心素顏可愛蜜粉#01

4.資生堂MAQUilLAGE心機美人

5.心機星魅輕羽粉餅#00

妙妙琳的部落客好姐妹特愛這款心機星幕絲壓製法做成的細緻粉餅，剛出來時台灣還買不太到會缺貨，盒子也閃閃的超級奢華漂亮專櫃的就屬這款讓妙妙琳最想推薦給大家用用看。

唇膏

1.OPERA LIP TINT唇膏#05

2.DHC藥用護唇膏

在美容大賞裡面奪下后冠的這款口紅，真的好用啊！如果偏好自然水潤的唇妝感一定會喜歡這支唇膏，姐妹在用時妙妙琳借來用就愛上，來日本平均三個月用掉一支。DHC經典的護唇膏就不必再多說，一直都是熱銷伴手禮男女都適用，如果到專賣店買，常會有限定版圖案的。

東京想推薦的美食

有些是你曾聽過的，有些可能初次聽到。但這些都是妙妙的真心推薦，是妙妙琳最愛的一些口袋名單。無論喜愛甜食，或是對丼飯有喜歡的都可以在其中參考不少人氣店家喔！

甜品、咖啡

享受悠閒的甜蜜時光

HARBS

妙妙琳總是和初來到東京的朋友們推薦HARBS，在這裡可以外帶也可以舒服的坐在裡面吃下午茶。不過通常來到這如果要內用都是要等上好一陣子，但妙妙琳帶來吃過的親朋好友們還沒有不滿意的。

1

2

請注意！外面的蛋糕冰櫃一般來說是不允許拍照～不過在裡面是有低消一杯飲料，所以如果擔心花費會建議大家可以買回家吃，店員還會提供不同SIZE的保冰劑來做保存，當地的朋友多半都是外帶回去，不但可以省去等待位子的時間還可以省下低消費用。

HARBS最人氣的招牌點心不能錯過千層水果蛋糕，台灣的美食家部落客朋友也說他十分喜愛吃這家店的千層水果蛋糕，算一算有六層左右，表層是類似派餅皮的感覺，再來是裡面有濃郁的奶油，雖然濃郁又滑順但不會太甜比例抓的非常好，而且整塊蛋糕吃完也不覺得油膩還蠻清爽的，裡面有時令的好吃水果像是香蕉或者奇異果等等。

吃的時候建議小口吃可以配茶，而份量也算是比平常外面吃的蛋糕size再大一點，如果想要吃正餐的朋友可在上午十一點～下午三點到，會有一些義大利麵或三明治套餐，店內常常可以看到很多台灣人和外國遊客來訪，在關東或關西和美國都有開店，甜

點控絕不能錯過～

Info ● *HARBS*(ルミネ有楽町店)

東京都千代田区有楽町 2-5-1、ルミネ有楽町店ルミネ１．２F

03-6268-0566

週一～週五 11：00～21：30，週六、週日 11：00～21：00

星乃珈琲店

關東或關西都有開，即使這麼貼近大家身邊，依然人氣滿滿，尤其下午茶或用餐時間常要排隊，在很多車站附近都可以看到星乃珈琲的分店，乍看星乃珈琲店覺得好像很老舊，這是特別營造出來的復古裝潢風格，優雅又不落俗套。

妙妙琳有時候自己一個人也會去吃厚鬆餅，連鎖的店家在日本來說普遍水準都會維持，不管想要吃早餐還是中午正餐也很適合來，有次妙妙琳就和朋友在這邊點了義大利麵，吃起來口味也很不錯，而且配料非常豐富，去過的店家桌上貼心附有服務鈴可以使用。

1. 點上一杯檬搭配茶與朋友聊天超放鬆　2. 店內的水果蛋糕非常有人氣　3. 厚燒鬆餅淋上楓糖再切開吃非常享受　4. 茶類或者咖啡都有著自有的水準堅持

3

4

來說說最經典的厚燒鬆餅，厚厚的鬆餅沒有奶油但是看起來很真材實料，妙妙琳特愛淋上楓糖吃，不過就算直接吃味道也已經夠香非常夠味道，想吃甜一點就多加一點楓糖，配上水果茶或奶茶妙妙琳覺得有復古歐洲享用貴族點心的感覺。

來這點餐建議二個人來喔！妙妙琳發現二層的鬆餅和一層的價格比起來，二層的划算很多，所以找姐妹一起來吃下午茶也是非常適合的，之前有次也點了栗子口味的，吃起來微甜不膩，如果真的怕吃甜的還可以試試舒芙蕾牛肉燉飯！

Info ● 星乃珈琲店(西新宿店)

東京都新宿区西新宿 1-3-14 新宿プラザビル１F

平日 8：00～23：00(最後點餐 22：30)、週六及假日 8：00～23：00(最後點餐 22：30)

早餐 Open～11：00、午餐 11：00～15：00

松乃家

這是一間超人氣的銅板美食，松乃家豬排飯日本遍布一百多家分店，連鎖店正餐妙妙琳就喜歡吃松乃家和日高屋，妙妙琳吃到分店都還蠻好吃的，留學在日本的同學們或者是來玩的好朋友都會被帶妙妙琳帶來吃，其實日本好吃正餐沒

1. 品嘗最經典的豬排美食 2. 不只有內用也有外帶定食弁當 3. 豬排剖面看起來相當誘人 4. 松乃家在東京有不少分店

有想像中貴，五百日幣可以吃的飽，CP值超高。

在台灣同等級的豬排飯大概是要台幣四五百元左右，在這裡卻不到一半價格，店內特調醬也是妙妙琳最愛不管是生菜或者豬排都有特調口味醬汁，胡蘿蔔醬是用來淋生菜的不過吃起來可以放心完全沒有胡蘿蔔味還有附上小碗味噌湯，吃完都會覺得飽且會很滿足。

非常香又粒粒分明的白飯和生菜己經美味，再搭配主角炸豬排，超厚的豬排炸的好多汁有彈性，尤其是酥脆的餅皮香氣四溢，一口咬下都可以配好幾口白飯，店內的冰或熱茶是不用加費用的，也有暢飲的飲料吧只要再加一百多元就能使用，很適合和家人朋友來吃。

如果吃膩了牛丼飯和生魚片，豬排飯會是個不錯選擇，午餐時間通常比較多客人，可以避開尖峰時間避免久候店內也是有外帶的餐盒，妙妙琳有時想回家吃也會外帶妙妙琳去的店家常送優惠卷，有可樂餅或味噌湯升級。

Info ● 松乃家 新橋店
東京都港区新橋 2-2-5 丸山ビル 1F
03-3539-5557
平日 24 小時營業，週六日及假日 8：00～23：00

椿屋珈琲店

想吃一點比較有氣氛的店家嗎？妙妙琳馬上來介紹！雖是連鎖店但是從食物到裝潢感受質感絕對滿分，店內雖然也有義大利麵等正餐，但妙妙琳特別推薦珈琲還有及蛋糕和點心，本來剛到店裡看了菜單還會皺眉但吃完妙妙琳覺得非常值回票價，其實不算太貴。

先來說說最招牌的珈琲，送上來時讓人覺得驚喜，用金屬式的架子再搭配圓弧式的玻璃咖啡盛裝壺，已經夠復古的，杯盤和漂亮的鍍銀湯匙都非常精美而且送上餐點的服務生也都穿上服務生的制服，店內更陳設擺放很多漂亮的瓷製或者是透明杯盤。

1. 座位頗復古歐風　2. 椿屋珈琲店的咖啡　3. 所有的餐具都非常有質感，像在喝貴族午茶　4. 裝潢歐風

喝一口珈琲，同學說入口不澀溫和又香氣散發，再搭配細緻不油的奶油的超新鮮草莓蛋糕超絕配！而草莓每顆都好大好可口的樣子，配紅茶也適合，另外有類似聖代的點心，有新鮮草莓和草莓醬，上頭的奶油和可可粉，一起吃也好有層次感覺，是很好拍照打卡的少女系點心店家，很推薦姐妹一起來，更推薦想要帶女朋友約會旅行時氣氛一下的朋友們來吃看看，偶爾當一下名媛貴婦也不賴。

提醒大家，單點的飲品或點心大概七百至九百元日幣，但是如果是點套餐會便宜一點約一千四百元以內未稅，服務生都會很注意大家，有什麼需要會很快到位服務。

Info ● 椿屋カフェ新越谷ヴァリエ店
埼玉県越谷市南越谷 1-11-4 新越谷ヴァリエ 4F
048-940-2118
11：00～23：00

金子美明Patisserie Paris S'eveille

自由之丘是蛋糕甜點的一級戰區，據說大概有一百多家甜點店！金子美明主廚本身研究甜點多年而且也在法國多間店家進修，回到日本後開設的「巴黎甦醒」是自由之丘的超人氣甜點店家，店內大概是外帶商品與座位區各半，所以想要吃美味甜點的朋友別忘了避開假日下午茶時間的熱門時段才不會等太久，也可以選擇外帶，除了蛋糕之外也有精緻又可口的麵包或水果塔系列。

妙妙琳很推薦大家來專心的品嚐蛋糕，因為細緻的蛋糕即使配開水也己經非常好吃，妙妙琳喝著冰可可味道特別濃又香，也可以點茶裡面的若是店內堂食候位的時候是需要現場等位子的，這點要注意。

推薦大家吃看看名為「Tonka」的巧克力蛋糕，外形四方的巧克力蛋糕，玫瑰花交錯著奶油慕絲和濃醇的巧克力和榛果漾著甜甜的可可香氣，光是特別設計過的蛋糕外觀就己經讓人吃的很滿足非常有幸福感。

若以口味偏好上來說，「Tonka」適合愛甜味的朋友們，若是喜歡微酸甜的朋友們可以點名為「Mist」的紫色蛋糕，吃起來口味上會非常有層次的感覺，上頭有藍莓與覆盆莓的果實與慕絲，蛋糕最外層包著亮面巧克力醬很優雅吃起來因為酸甜交錯顯的不那麼甜膩，感受到美明主廚的創作用心，蛋糕吃

1

2

3

4

1. 主廚金子美明是法國進修回國的甜點專業大廚
2. 甜點每一道都截然不同的風味和優雅蛋糕外形
3.Patisserie Paris S'eveille 相當知名　4. 蛋糕即使是只配開水也超美味，但店內有茶也有咖啡

起來口感非常綿密細緻，就算只單吃蛋糕已經值回票價。

Info • 金子美明 *Patisserie Paris S'eveille*

東京都目黒区自由が丘 2-14-5
03-5731-3230
10：00～20：00

富士山不曹庵

不少人來到日本都會到富士山去看一看聖山的美景風光，不曹庵就能一次滿足吃道地甜點美食與河口湖美景二個願望但是每天限量的餐點是售完就沒有的想吃記得早點報到。

店內的環境外觀到內部都能感受到木造的傳統式日本和式的風格，還有一個大大的茶壺煮著水，後來才知道原來店裡的女主廚是日本知名擁有許多茶道證照的茶道家，很多人都遠道而來與她上茶道課程或喝上一杯她泡的茶。

1. 富士山不曹庵的店家外觀充滿復古風味 2. 不曹庵的水果冰吃起來用料十分豐富

非常推薦的是店內的招牌寒天（やわらかかんてんクリームあんみつ 800 日幣）（與其說是冰品，應該說是什錦水果派對會更加恰當一點，裡面有著非常豐富的時令水果，還有白湯圓以及紅豆看起來色彩十分的繽紛漂亮，淋上糖漿後滋味很甜蜜，店內的抹茶有抹茶的微粒口感，微甘澀搭配點心剛好～）

店內最大的特點就是在於可以邊吃著美味的道地點心，邊看著窗外就是河口湖，美麗的富士山像一幅畫一般，常常大家都是一坐就是好幾個小時，所以一開店就進來應該是最好的時間點，快來與茶道點心和富士山美景約會吧～

Info • 甘味処 不曹庵

山梨県南都留郡富士河口湖町小立 897-1
0555-72-3499
11：00～18：00

鳥のいるカフェ浅草店

在東京有很多家以寵物為號召的餐廳咖啡店家，這家店是有很多可愛寵物鸚鵡還有貓頭鷹的店家，如果有來淺草這邊逛逛雷門，看看寺廟風景的朋友就可以順道繞到旁邊的商店家條通造訪一下這間鳥咖啡。

裡面主要的計費方式是以人頭計費，三十分鐘起算若三歲以下則是免費，如果不想要等太久一般來說會建議要先在網路上做預約，不然可能要等待排隊。

如果比較近的地鐵站則是田原町，不過店家沒有開到很晚，要過來的話記得確認一下店家的時間，會進來這看是因為去雷門那邊穿和服的時候經過門口有個人手上有停一隻約三十公分的貓頭鷹非常吸引人的目光。

裡面有一間是彩色的鸚鵡，裡面的鳥兒都很乖也都蠻親近人的，而且都沒有特別的用繩子去做限制，所以進入時

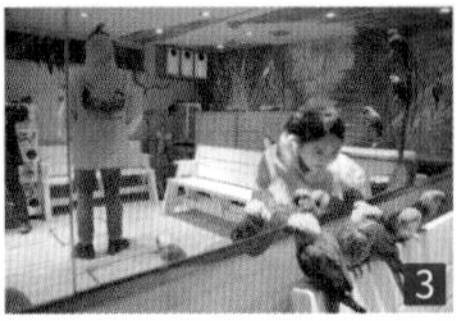

1. 貓頭鷹待在收納處旁　2. 店內主要以鸚鵡為主也有貓頭鷹　3. 這裡的鸚鵡親近空間讓鳥兒自由飛，給客人穿上防護雨衣，妙妙坐在椅子上和鳥兒親近　4. 也有販售不少貓頭鷹或者鳥類紀念品

店家會提供雨衣記得要穿上避免鳥兒的排洩物和爪子抓到。

妙妙琳覺得很推薦大家的原因是小鸚鵡都很自由的飛著，可以最自然的方式和牠們互動，也有部分的貓頭鷹在另一間但貓頭鷹妙妙琳是盡可能靜靜看著，別去打擾到牠們休息，父母們可以與小朋友有一個快樂的親子午後時光，假日就是該忘掉忙碌，看著鳥兒會感覺心情很自在，讓下午更悠閒。

Info • 鳥のいるカフェ浅草店

東京都台東区浅草 1-12-8 大山ビル B1F（東京メトロ銀座線 田原町車站徒步約 3 分）

03-6802-8572

11：00～19：00 全年無休

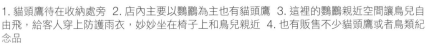

PABLO mini

PABLO的半熟起司蛋糕讓大家都為之瘋狂，常常都可以看到大排長龍，而妙妙琳在東京無意中剛好吃到他的迷你起司塔，大阪有二家其中有一間是開在梅田的商店家，如果要在東京想要吃就是要來到秋葉原，交通很方便價格也很親民。

地點就在秋葉原站對面，整棟黃色的店面很好找非常醒目，而迷你的口味也是在限定店家才有和一般排隊店家的不大一樣，而且店裡面沒有賣其他的東西就只有賣幾種口味的起司塔，妙妙琳吃過巧克力和抹茶都覺得好吃，不過原味還是最得我心。

而店家裡面可以看到繽紛的色彩起司塔，就是巧克力和抹茶還有草莓和原味，可以先買一個吃吃看或買一整盒的當做手信，原味的一個不到二百日幣，比起很多當地的甜點來說實在很便宜。

1. 起司塔約莫手掌心大小，從大阪紅到東京 2.PABLO mini 在東京的分店就在秋葉原 3.PABLO mini 各色繽紛的起司塔可口的擺在展示窗 4. 各色繽紛的起司塔可口的在展示窗 5. 好吃的起司塔冰的也蠻美味的，每個含稅只要二百元日幣且不必排隊

一口咬下還是有濃濃的奶香，對起司塔控來說還是非常美味的，不過和熱熱的半熟起司風味比又是不一樣，畢竟是現做的溫熱熱！好處是不必排隊，如果剛好有到秋葉原來逛電器街或者是看女僕，就可以順道繞來買，既方便又不傷荷包，當成伴手禮也很合適。

還是想要推薦大家多試，沒吃過的人可以四種口味都買來吃看看，一來拍照打卡漂亮再著四種口味就是吃起來不同的風味口感，一個半熟起司蛋糕換算可以買好幾個迷你塔，甜在嘴裡又沒有負擔。

Info • PABLO mini

東京都千代田区外神田1丁目15-8(山手線秋葉原站)

03-3253-0826

11：00～21：00

猫カフェ 不思議なネコの森——不思議貓之森（CatCafeてまりのおうち）

以前去過好多家貓咪咖啡，但都沒有一家像這樣輕鬆自在！貓カフェ 不思議なネコの森其實是隱身位於大樓的三樓，位於東京吉祥寺買完藥妝可以來這裡找貓咪膩著一個下午，更棒的是在這邊並不會限制時間，也就是一進來可以一直待貓奴們可以一大早十點就來到，保證可以獲得滿分療癒。

妙妙琳來到這邊的時候一下子被夢幻的裝潢吸引住目光，挑高的感覺讓人感覺特別的放鬆，還有點模仿森林的方式好像去看貓咪的人們也成了森林中動物的一員般自在。

不過來到這可以好好想一想是否要消費，因為入場費用不能抵扣餐飲費，店內的餐點咖啡都是要另外再付費的，每天會有貓咪的用餐時間餵食秀，貓咪排排用餐實在很可愛，不過貓咪都是有自己的碗，餵每隻貓不同的飼料，但如果想要和貓咪互動也可以購買貓咪零食，貓咪們就會湊上來吃食物撒嬌囉～

不過要注意的時是這邊的貓禁止去抱牠們，而且拍照不要開閃燈另外，也不能隨便餵食食物，若離開位子可和店員借用食物罩子，因為貓咪不能夠吃人的食物，會造成身體負擔甚至生病的～

裡面的沒有很重的貓咪味所以請放心，不時的服務員還會帶著貓咪來打招呼真的是非常用心，想要節省費用的朋友也可以晚上七點之後入場這就幾乎省了一半的入場費用，建議要先預約再前往以免無法入場。

1

2

3

4

1. 這裡的貓都有自己的碗，放飯超壯觀 2. 貓咪坐著就像模特兒一樣 3. 空間很大就像個小森林般 4. 門口就己經超可愛像貓城堡

Info • 猫カフェ 不思議なネコの森（建議提前預約）

東京都武蔵野市吉祥寺本町 2-13-14 武蔵フォーラム 3F

0422-23-5503　10：00 ～ 21：00　info@temarinoouchi.com（預約用 E-mail）

KuKuRuZa爆米花專賣

在美國西雅圖起源但是在日本很火的爆米花，來台場就可以來買一下爆米花，吃過應該都會愛上。

除了店外的設計很吸引人之外，店內的大小繽紛爆米花桶也讓大家很愛不釋手，妙妙琳則是實際派的，其實愛吃的朋友可以直接購買大中小不同的尺寸夾鍊袋包裝是划算又輕巧好帶回家。

有分成「蘑菇型」&「蝴蝶型」是依照口味挑選品種來製作的，大概有十種不同的口味，看電影都會吃的爆米花沒想到這麼好吃！包含妙妙琳最愛的抹茶還有黑莓香草奶油口味以及焦糖口味等等，而有的時候節慶也會出一些比較限定版的口味，有來時別忘了試試。

爆米花是可以存放幾星期時間，回台灣時妙妙琳還特別帶了好幾包用來送給朋友們做為伴手禮！因為是熱烘的所以吃起來不會油膩，抹茶口味吃時搭配茶類或咖啡會很舒服，買了好幾包沒多久就吃光。

如果要送人也可以挑選他有特惠的組合系列或者是挑選幾包不同口味的一起送朋友，或者就挑選個罐裝桶子也都是很好的選擇，如果吃了喜歡最划算的還是買大包裝的，吃起來會比較過癮喔！

Info • KuKuRuZa Popcorn Aqua City Odaiba

東京都港區台場 1-7-1 135 - 0091 Aqua City Odaiba 3F

11：00 ~ 21：00(非正式假期)

1. 顏色繽紛讓人忍不住都想試看看　2. 日本有多家分店，圖為表參道限定店　3. 妙妙琳最愛就是抹茶口味　4. 內部空間放了各式可愛的爆米花桶

東季17台灣珍珠奶茶

來阿美橫町逛二木菓子時往巷裡走有看到這家奶茶店，道地的台灣珍珠奶茶，珍珠很Q、茶很鮮醇，所以常要排隊買，還有神奇的二合一口味茶品，一次可以喝到抹茶以及珍奶，出外旅行朋友們可滿足二個願望，抹茶喝起來也好爽口。

taiwanthi-andofu-zuba-forumosa - フォルモサ（台灣 Tea&Foods Bar Formosa）台灣來的老闆娘與日本音樂人老闆共同開的餐廳非常暖心，不時還會有表演團體來表演ＱＱ的珍珠奶搭配台灣的茶葉，控肉飯滷的香又開胃，就像回到台灣一樣！

Info・東季 *17* 台灣珍珠奶茶

東京都台東區上野 4-1-8
070-3616-3407
11：00～21：00

Info・*taiwanthi-andofu-zuba-forumosa* - フォルモサ（台湾 *Tea&Foods Bar Formosa*）

0480-53-7373
埼玉県 南埼玉郡宮代町 中央 3-11-16
11：30～20：30

1.taiwanthi-andofu-zuba-forumosa也常常會有樂團來這邊表演
2.taiwanthi-andofu-zuba-forumosa-フォルモサ販售的魯肉飯風味也很道地
3.有二合一的茶杯設計
4.招牌是可愛貓咪

BAR ZINGARO

說這是一家讓你一進來就心花朵朵開的咖啡店～真的不為過啊！整家店就是許多村上隆所設計的微笑花朵，從裝潢到咖啡都是滿滿花這些設計的抱枕還有產品有些是有在賣的可以詢問店家人員，若有販售店員會回覆商品價格。

隨時可以看到店裡面有好多人在拿著花的產品自拍或拍照，來到這裡可以在城市的忙碌後找到一個綠洲般，微笑的花朵彷彿給人一股力量。

其中店裡面比較特別的是櫃檯有賣小小的方形容器那是酒杯，很多人用在慶祝過年時用來裝所謂的升酒不只是小花連它的夥伴們也有週邊商品一起販售。

小花咖啡拿鐵還有抹茶裡面所添加的甜味都是來自蜂蜜的單純香甜而不是砂糖所以非常健康和自然，妙妙琳點熱的喝起來好暖，而且搭配微酸甜的小花櫻桃慕斯好搭，不會太甜膩完全中和了甜味喝起來非常順口，完全擁有夢幻陽光的開心下午茶。

本來對於主題咖啡廳並不帶有太大的期許，但從一進到店整體的舒服裝潢一直到咖啡的可愛和香濃順口，最後繽紛可愛彩色花是個完美的句點，讓人會想要一來再來。

1. 有木製酒杯很有紀念價植 2. 位於一棟商場裡面 3. 與店內的超大娃娃合照 4. 拿鐵與甜點花都超可愛

Info・Bar Zingaro

東京都中野区中野 5-52-15 中野百老匯 2F（中野站步行五分鐘）

03-5942-8382

週一～週四 10：00～20：00、週五～週日、節假日 10：00～23：00

Sweets Paradise

甜點控一定要來造訪看看的 Sweets Paradise 其實是很有名的甜點店家，而且也有數十間分店是吃到飽的，而且很多都是開在百貨公司，常常在路上都能看到，而很多旅遊的朋友想要試試價格優惠又划算的蛋糕不妨來 Sweets Paradise。

而一開始妙妙琳還以為店裡面有兼賣咖哩飯還有拉麵等等，後來才知道我看錯了！原來這些都是蛋糕，實在是太有趣！很適合買來給朋友做節慶蛋糕或者是拍照，

還有最特別的是依照餐廳菜色做成的蛋糕，像是跟連鎖餐廳『幸楽苑』合作的，就和店裡面拿到的餐點外帶版幾乎一個樣，和朋友約會如果剛好吃炒飯再吃炒飯蛋糕感覺很特別呢，不要覺得就是賣包裝，以價格比來說已經很不錯，不會太甜膩，而且配茶或咖啡也非常享受。

妙妙琳就買了三個很特別口味，像是抹茶加上上頭有甜納豆的，還有巧克力布朗尼表面有放栗子的以及紅薯的，吃起來口味都完全風味不同而且台灣也很少找的到一樣的味道，甜點控來日本可千萬不要錯過了呢！

1、2. 蛋糕種類多而且價格親民　3. 各種特別的口味，吃起來味道都不同風格　4. 可口丼飯拉麵都是造型蛋糕

Info・Sweets Paradise

東京都千代田区神田花岡町 1-1 ヨドバシAkiba1F 自由通路
03-6206-0331
9：30～22：00

炸物、丼飯

大吃特吃好滿足

食彩厨房いちげん

由於東京都內較少出現所以算是隱藏版的美食，如果有到這邊逛 outlet 可以來吃，也算是給大家介紹一下地方特有的美食。

第一次來是同學帶妙妙琳來吃的，當時同學說要吃超厲害的炸雞套餐沒想到一吃就成了主顧，後來幾次生日會或好朋友見面都會想來這裡。

在日本其實也蠻多連鎖店家但多半是在東京的周圍城市，像是埼玉還有千葉等等，而且他們賣的種類蠻多的，像是丼飯還有生魚片及燒烤都有。

本來還想說只吃雞肉會不會吃不飽又或者雞肉吃起來可能像麥當勞？沒吃過的朋友推薦一定要吃一次炸雞。

1. 什錦鍋飯風味很好而且很特別　2. 有多家分店在東京週圍　3. 炸雞份量大，獨特辣椒粉讓人再三回味　4. 各有多樣化的餐點菜單　5. 位子有和式或一般座位及包廂

炸雞大概是半隻的量，雖然要價七八百日幣但吃起來真的是很值得，裡面有大份量薯條還有炸的酥脆的雞肉，咬下時酥脆外皮溢香氣還搭配很香的辣椒，但個人覺得算是小辣的等級若不是超怕辣的人都很推薦一試，應該會喜歡！若要蕃茄醬好或者一些沾料可能需付費請先詢問。

建議用餐前先問一下店員所需等餐的時間，避免因為假日或者用餐時候等待過久餓肚子除了炸雞套餐妙妙琳也蠻喜歡親子丼套餐，魚生看起來也都很新鮮，喜愛者可以一試。

內部的位子有幾種，邊桌適合一二人的人數，也有多人的或者是和式的很適合多人一起來，妙妙琳替同學慶生時還帶了帶糕，店員也會很貼心的幫忙冰起來，並同提供盤子及叉子。

Info・いちげん南越谷店

埼玉県越谷市南越谷 4-3-1
048-989-5133
24小時營業

豬排濱勝(とんかつ浜勝)

在秋葉原的 YODOBASHI AKIBA 是大家去秋葉原都會逛的商場，妙妙琳一向也不知道樓上有很多好吃的店家直到朋友帶我去在 8 樓有很好吃的美食街，包含三田製麵所和但馬屋等三十家好吃的美食餐廳，非常推薦大家來到秋葉原可以上去吃看看。

當天我們是在繞了兩圈之後選擇了妙妙琳最愛吃的豬排丼飯店。相較於一般店家，這間的丼飯無論在份量或是質感上都蠻有水準，而且就算人很多店員仍然不時巡視收盤子或添加茶水十分貼心。

我點的餐點是ローズカツ定食，是使用里肌肉所以吃起來沒有肥肉，如果喜歡香香的油花就要選擇其他的品項，吃起來外皮非常酥也不油而且肉質鮮嫩，如果夏天也適合來一份涼拌豆腐和炸天婦羅。另外，最值得一提的是店內的飯分為白飯以及麥飯（むぎめし）還有高麗菜絲和特製的醬菜都非常美味，另外味噌有分為紅色和白色，紅色是有辣的可以依喜好選擇，剛說的除了主餐外都可以做續點吃到飽不會再加續點費用，真的超級貼心！

1. 豬排專業份量又足夠，還有專門調製的豬排醬　2. 豬排真的專業份量又足夠

Info・豬排濱勝(とんかつ浜勝)*AKIBA* 店

東京都千代田区神田花岡町 1-1
03-5207-5811(+81-3-5207-5811)
08:00～23:00

京都勝牛

這家店在日本不少地方都有設點，日劇中超紅的炸牛排來到現實當中，一樣可以感受到非常用心的美味，大家較常吃煎牛排，應該比較少味嘗過所謂的炸牛排，而「京都勝牛」就實現願望，來涉谷分店時是和好友相約來吃的，從涉谷車站八公出口走大概幾分鐘就到了，不難找，很適合三五好友一起聚餐，如果朋友裡面有人不吃牛也不用擔心，這裡有賣其他豬肉或雞肉丼飯。

一進到店裡面感覺裡面的位子滿多的，有吧台的、也有一般多人桌，不管一個人或一群人都能坐的舒服，朋友都跟我說他愛坐吧台，享受廚房為自己現做美食的感覺。桌上除了菜單之外也有準備炸牛排的專用醬汁、醬油，以及生菜沙拉的醬汁、白色芝麻和七味粉可以做調味使用。比較起來在都市吃飯的價格來說算是價格實在，而且店家有提供冰茶和白飯無限續，白飯是有特別加了點燕麥，正值用餐時間店員仍是非常親切，而店員會中文溝通起來沒障礙。

另外，套餐種類滿多的，光是牛肉就選擇好久，炸好香酥的「ローズ」套餐附有味噌湯、高麗菜絲、咖哩醬與山藥泥，上餐速度也算快，而炸牛肉肉質厚實有嚼勁，吃起來好香好酥，肉質新鮮且嫩，整個分量上雖然精緻，但吃完很飽很滿足，非常推薦哦！

2

1

1. 京都勝牛的肉質非常鮮嫩，而且麵皮好酥　2. 京都勝牛在日本是知名連鎖店家　3. 京都勝牛的內部多種座位非常適合聚會

3

Info・涉谷道玄坂店

- 東京都涉谷區道玄坂 1-19-14 センチュリー涉谷 B1F
- 03-3461-2983
- 11:00 ~ 23:00（22:30 最後點餐）
- http://kyoto-katsugyu.com/

和田比內地雞-Hinaikomachi

因為不是很敢吃生食的關係，在日本幾乎成了丼飯魔人，哪有好吃的丼飯或者是豬排飯妙妙琳都會想要去吃看看，在日本有好多賣比內地雞的丼飯店，而妙妙琳要介紹這家則是妙妙琳剛來日本時當地留學好友帶著過來吃的，涉谷真的蠻好逛的，這邊有很多可逛的百貨或獨創品牌。

店裡面蠻人性化的，除了一般座位就是包廂式的位子，可以坐下四人或六人至八人，如果需要吸煙區域可以洽詢一下服務人員，本來還覺得親子丼飯應該吃起來大同小異但吃過後完全開啟妙妙琳丼飯魔人潛能。

妙妙琳去吃的時候坐的是和式的位置，丼飯日幣千元左右，喜歡在碗裡面的半生雞蛋，澄黃色的蛋黃飄出陣陣蛋香氣，光拍就已經口水直流，雞肉一吃真的超級細嫩的啊！

原來之所以叫做比內地雞就是出貨前會放養好一段時間，因為有活動到，所以肉質吃起來就會更加有彈性並且美味。另外，與朋友同學們還點了些冰飲，一起舉杯乾杯真的超有氣氛，後來加點的玉子燒也很美味，妙妙琳當時吃飯已經非常有飽足感，如果是女生其實點個丼飯當正餐大概就足夠了，若是有男士隨行就建議點一份玉子燒來搭配。

1

2

3

1. 和田比內地雞最出名的就是親子雞肉丼飯
2. 有人性化的坐位設計
3. 適合三五好友聚會

Info • *Hinaikomachi*（ひない小町 渋谷店）

東京都渋谷區道玄坂 1-15-11 龍昌ビル B1F.1F（JR 渋谷駅歩行 5 分／京王井の頭線渋谷駅歩行 3 分）

預約專線 050-5571-5489(+81-50-5571-5489)、洽詢專線 03-5459-7251（+81-3-5459-7251）

11:30～14:00、17:00～00:00，週日公休

拉麵、壽司

品嘗日本代表料理

壽司郎（スシローSUSHIRO）壽司

帶著小孩出門覺得想輕鬆點吃飯卻又怕禮儀麻煩嗎？日本開了近五百家分店的超人氣迴轉壽司——壽司郎，是在地留學或旅行時想要省錢又吃的巧的好選擇，除了池袋店在熱鬧區域外其他的店家都比較遠離市區。

算是蠻多日本人迴轉壽司心中的第一名位置的壽司郎因為使用的食材都很新鮮而鮭魚卵、螃蟹甚至有海膽等等用料也是CP值超高，另外還有烏龍麵和蛋糕等美味的點心，所以各個年齡層的人都很喜歡，不管平日或者假日常常會看到壽司郎排滿了客人。

池袋店的位置離車站並不遠，袋站西武南口出來，走路大概只要幾分鐘，也就是在無敵家的對面大樓記得去的時候先抽號碼牌，等上一二小時是常有的提醒大家池袋店的每盤價格有比其他家高一些，但有時候吃的量不多又想逛街之後順道去就很方便。

桌邊位子旁可以看到軌道運送新鮮剛做好的壽司，據說店家為了新鮮度控管，每個盤子下都有IC晶片，若是做好運行了350公尺後，都沒有被客人取用，這盤壽司就會自動落入癈棄區，真的很為大家著想獨一無二的「Auto Waiter」則是在這家分店才使用，點餐做好了直接機器送到面前，可以放開心大口吃，不必擔心被店員看見囉！順道提一下，店內的茶水是使用綠茶粉，100%宇治茶所特製的粉末綠茶比市售的還要濃厚且又便宜所以很多人特為此來購買回家喝呢！

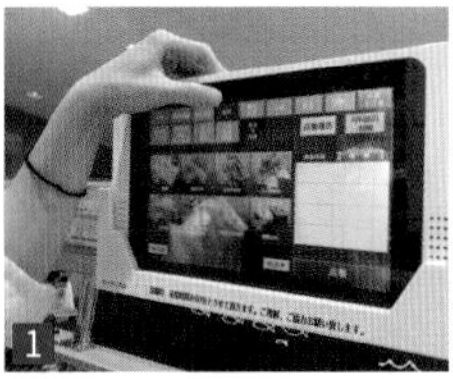

1. 這裡最有名的機器點餐 2. 有名的機器點餐 3. 機器送餐非常有趣，點完不需等太久 4. 品項很多，不只是壽司還有烏龍麵和點心

Info • 壽司郎南池袋店 スシロー南池袋店

東京都豊島区南池袋 1-16-18 フェイスビル B1（西武池袋線「池袋站」西武南口步行約 1 分）

+813-5396-7148

11:00 ～ 23:00（平日）、10:30 ～ 23:00（六日及例假日）

KIPPOSHI 拉麵 吉法師（きっぽうし）

當好友和我說要帶妙妙琳吃吃看藍色拉麵的時候，還正在想到底在說什麼，因為拉麵可能是白的或肉醬色又或者是清湯色調還沒有看過所謂藍色的。

不出意外的妙妙琳和朋友來吃的時候花了一個小時來排隊，所以來吃的時候記得一定要提早並且吃點東西避免餓太久，不過還真的不能太晚來有時會賣光！

位於淺草的吉法師除了藍色拉麵也會不定時推出一些符合時令像是紫藤花節就有紫色的拉麵販售藍色的湯底就像是漂亮的湖水色調非常剔透夢幻，而泡在裡面的叉燒肉和拉麵也都漸漸的變成了淡藍。

有些店家為了好看的賣象做宣傳，但是吉法師的老闆是有堅持的，藍色的感覺並非使用所謂色素，據說是湯頭裡加入藍螺旋藻再使用中國料理裡面所謂的掃湯來把白湯的雜質去除就不會那麼混濁，湯頭雖然濃郁喝起來不會太油膩，而且還有股雞湯香氣，而麵條也是很彈牙的，半熟的糖心蛋也煮的非常漂亮。

幾種不同口味的湯頭都各有千秋，而藍色湯頭在夏天看起來視覺上也就多那麼一份沁涼，吃拉麵還能有沁涼感難怪要叫做法師～一碗不用千元的拉麵，常讓店內的少少座位高朋滿座客人不斷，想吃的記得要早點來排隊喔！

1

2

3

4

1. 湯頭濃郁，價份量也很剛好　2. 拉麵用各色的湯底，而且價格實惠　3. 藍色拉麵是使用藍螺旋藻　4. 店內用獨家的方式用煮著每碗麵且煮的過程可以看的見

Info • *KIPPOSHI* 拉麵 吉法師（きっぽうし）

東京都墨田区吾妻橋 3-1-17 吾妻橋ハイム 101

03-6658-8802

11:30～15:00、17:00～22:00,週三公休

麵創房無敵家MENSOUBOUMUTEKIYA

東京著名的拉麵店不少，但不少人都會到池袋的無敵家朝聖，並無分店，所以大家要吃正宗的還是要來這一家排隊才吃的到店裡面有中文菜單還有服務人員會講中文，是不是感到很貼心?有時店家會說中文的人可能會休假不在，所以可以練習一下日文對話。

不過店內的座位真的很少，只有不到二十個位子，所以用餐時間來大多要等上一小時甚至更久，而且若是一群人一起來可能會被拆開店門口超級可愛又醒目的大碗畫著卡通版拉麵並且解釋各種用料。

一坐下來時看到桌上的配料很多，柴魚粉、辣醬菜（辛高菜漬、特製醃漬辣味芥菜）和來自青森蒜頭等配料，還有比較特別的一壺茉莉花茶，不是用來喝的喔！而是加在拉麵湯裡面，這樣可以讓湯頭不要那麼油膩清爽些。

拉麵的配料有很多，可以依照喜歡來挑選，湯頭是熬了十多個小時的豬骨還有極上豬背指肪所製成的超濃湯頭加入醬油所製成的，無敵家拉麵的叉燒肉其實第一次來吃的可能會不習慣，因為帶有肥肉，但是分布的還算平均麵條是比較粗的，妙妙琳覺得喜歡因為很彈牙，店家還提供了加麵不加價的超棒服務點餐時要記得說不過一碗吃下來真很飽，所以要加麵要想清楚！

妙妙琳除了裡面的主角叉燒和麵之外還很愛吃他們的筍子、蔥，還有看到隔壁客人叫一碗其表面竟蓋滿蔥花看起來很美味，ねぎ就是蔥之意思，蔥控別錯過囉～

1. 位於人潮眾多的池袋需要排隊 2. 店內座位不多總是高朋滿座 3. 超級可愛又醒目的大碗畫著卡通版拉麵並且解釋各種用料 4. 拉麵配料蠻多種變化的

Info • 麵創房無敵家 *MENSOUBOUMUTEKIYA*

東京都豐島區南池袋 1-17-1（JR 池袋車站東口出來右轉沿著西武百貨步行 3 分鐘）

03-3982-7656

10：30 ～隔日凌晨 4：00（12/30 ～ 1/3 公休）

主題餐廳

享受悠閒的甜蜜時光

NIKUAZABU(ニクアザブ 西麻布本店)

會來到這家居酒屋是在跨年時與朋友相約一起來，這家店雖然座位不算多，但是前往時記得先預約，因為西麻布一帶無論是氣氛或者是食材美味程度，都是頗受好評價的，還有三千元左右的套餐一次可以吃到十種不同的品項，而且服務生還會幫忙享煮。

店內有一點外國的氣氛，像是求婚或者生日可以告知服務人員會幫忙唱歌，還可能有仙女棒等等的驚喜服務，為大家服務的服務員都很有精神朝氣並且都帶著微笑，是一家很能帶給客人用餐愉快的超用心居酒屋餐廳。

在店內有提供像葡萄酒或者是雞尾酒等配餐酒也有日本酒。如果喜歡品酒的朋友可選擇酒類無限暢飲方案喝過癮，而常常有運動比賽時這邊也提供大家可以邊喝酒邊看。

看起來鄉村風感覺，但提供的肉類品質可都不馬虎的喔，朋友形容每一塊肉都是鮮嫩好像一下子就融化。一樣美味牛肉都是等級較好有特別經過挑選出來的，一樣價格和其他店家比起來肉質就是比較優等一些。

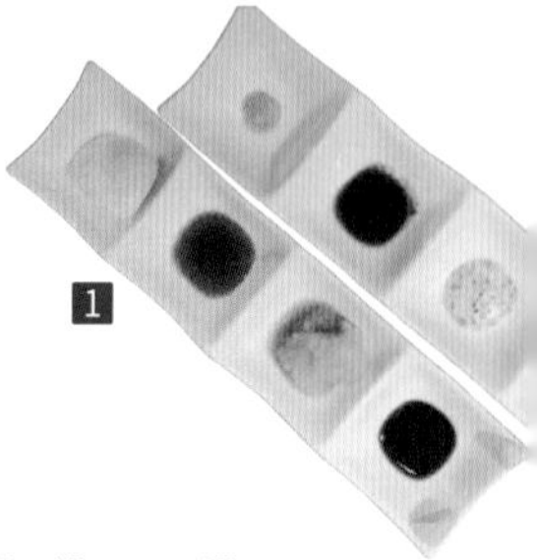
1

烤肉壽司佐魚子醬也是當天大家超愛的，魚子醬香香的搭配肉質鮮美的生魚片一口吃下極為享受，而牛肉則是選擇A4等級的和牛，即使是甜點和麵包也都很精緻並且有很不錯的水準表現，從一進到店裡感受到的還有店員提供的服務都讓人感受到有賓至如歸的感受。

2

3

4

5

1. 店內沾醬分成很多種搭配不同的肉類 2. 魚子醬的炙燒吃起來味道很鮮美 3. 跨年期間大家一起來吃非常溫馨 4. 每種肉類都被切成適合的大小 5. 店員會幫忙烹煮每種肉類

Info • *NIKUAZABU*(ニクアザブ 西麻布本店)

東京都港区西麻布 4-11-3 横山ビル 1F
03-3499-8689(可預約)
18:00～3:00(最後點餐時間 2:00)

品川王子飯店 LUXE DINING HAPUNA

推薦大家來到東京自由行推薦一定要吃一次看看的自助餐，要吃需要上網先預約，如果是蟹腳控的你一定不能錯過！到官網上預約，最晚能約到二個月後的場次，都是平日的。所以要吃別忘了要把行程時間先排好，午餐是公認最划算每個成人價格約四千日幣左右，晚餐則價格會再多一些。

進場之前別忘了要提早到，在台灣還沒有什麼機會吃到蟹腳放題，不過在日本還蠻多地方吃的到，質量上來說王子飯店目前是最被網友熱推的蟹腳吃到飽之一，畢竟是星級飯店。

在北海道跟著團做旅行的時候也吃過很多蟹腳的午晚餐，如果有吃過蟹腳的一般來說都會覺得吃多一點就覺得膩口，但是這邊還有很多好吃的點心還有義大利麵等等做搭配，飲料還有果汁的種類也還算多，可以每次都取用不一樣的。

妙妙琳覺得鯛魚飯還有義大利麵都蠻好吃的，壽司種類較單純在王子飯店吃蟹腳基本上會有可以吃蟹腳的工具提供給客人，這邊的用餐環境是挑高的，所以吃飯的時候會覺得放鬆。

妙妙琳是把八分肚子留在吃蟹腳，不過建議中間要吃一點東西畢竟吃什麼過與不及都是不行的，妙妙琳起先吃了一些鹹食，吃完蟹腳又再吃一些甜點，接著又可以再吃一些蟹腳，妙妙琳覺得他們家的蟹腳多汁，可以添加特調的醋汁會很清爽鮮甜，和朋友笑說我們挖出的一碗碗蟹肉還蠻像台灣的雪花冰的。

Info・品川王子飯店 *LUXE DINING HAPUNA*

- 東京都港区高輪 4-10-30
- 03-5421-1114
- 06：00～10：00、11：00～15：00、17：30～22：00
- http://www.princehotels.co.jp/shinagawa/restaurant/hapuna/

1.餐點種類頗多，格式盤可以分類蠻好的 2.點心雖然都小份但看起來可口味道也不賴 3.蟹腳每支都很肥美

Rokku 炉区（秋葉原駅前店）

在秋葉原不是只有扭蛋和女僕餐廳以及動漫3C販售而已，和朋友相約在秋葉原一時沒有特別上網找晚餐的地方，沒有設定目標來到了秋葉原這家隱身在大樓之中的餐館。

如果說是吃正餐這是第一次在秋葉原吃正式的餐點，坐電梯來到五樓，推薦像是義大利麵餐點或者炭烤燒肉如果是在用餐時候來的話要有等餐的心裡準備，因為在這邊都是現點現烤的，最好一進來就盡快點好餐點。

看到菜單時還覺得蠻便宜的，我們點了紅醬培根義大利麵還有淡菜以及炭烤雞竹月月肉佐馬鈴薯生菜，這邊也提供一些酒類像是啤酒等可以點，朋友還覺得便宜點了二杯。用餐時可以看到蠻多下班後談生意的日本人還有外國人，坐下時店家就會奉上二種口味的餅乾點心，白色餅乾像蜂巢吃起來有起司的香氣，桌上都有附服務鈴可以使用。

Info • *Rokku* 炉区（秋葉原駅前店）

- 東京都千代田区神田佐久間町 1-16 ダイニングスクエア秋葉原ビル 5F（JR 秋葉原站昭和方向出口步行 1 分鐘）
- 050-5590-4603（+81-50-5590-4603）
- 17：00 ～ 23：30

義大利麵吃起來肉醬香氣濃郁，但吃到完也不會覺得膩，菜是陸續接著上，淡菜超大顆的，吃起來新鮮而濃味道鮮美朋友還特別喝了盤中的湯汁表示用料真材實料，最後讓我們叫了二盤的照燒雞肉，香嫩的烤雞配上馬鈴薯泥和生菜，雞肉烤的香噴噴的還保存著肉本身的多汁而不會烤的過熟，其實很適合朋友們聚會或者談生意，比起居酒屋來選或許會安靜一點，但是吃到很多美式料理，座位也很舒適不擁擠。

1. 淡菜這道吃起來蠻新鮮的而且不貴
2. 一坐下來服務人員會送上精緻點心
3. 照燒雞肉非常嫩而且價格算親切
4. 餐廳有包廂內的座位，不過基本上也還算安靜

私設図書館カフェ シャッツキステ

有些人可能唸了店名不懂意思，妙妙琳也是這樣上網查詢，原來店名是來自於德語「Schatz kiste」，有個優美的意思——寶盒，是秋葉原一間有優雅女僕的餐廳。

整個氛圍和一般遇像型極為萌和可愛的女僕店家非常不同，穿著長裙的女僕非常溫柔且有禮貌，就像古世紀歐洲茶館一樣，在這裡可以好好的休息放鬆，邊吃點心邊與店裡的女僕們聊天，裡面的陳設像私人圖書館，放著優雅的輕音樂不會過於吵鬧。

1

3

2

Info • *Schatz Kiste* 私設図書館カフェシャッツキステ

東京都千代田区外神田 6-5-11 長谷川 biru 1F

12:00～22:00,週二公休

歐洲風格的內外部裝潢陳設讓在城市中走累的人們可以好好休息，在店裡有許多書籍還有桌遊可以借用，可以帶本書來坐坐體驗，店裡貼心提供了提供WIFI與電源座，如果半小時當做休息和充電那五百元的料金真的是非常划算，而且還有冰或熱紅茶喝到飽，若加上奶精就變成奶茶，每年到了聖誕節或者是萬聖節也不定時舉辦一些活動推出特別的點心或套餐大家可以再詢問一下店家。

在店裡面有一些需要注意的地方：店裡面盡量不要講電話，全店禁止吸煙，請不要拍在工作中的女僕若要拍照請事先告知，喝醉的人不可以進入店裡，如果剛好客滿有可能限時用餐。

4

1.座位寬敞舒服 2.店門口頗有花草咖啡店的概念 3.家內的紅茶可以自己添加奶精一旁也有沙漏 4.在這裡買的是一份優雅與安靜的休息空間

輕食

簡單吃，美味又健康

龍蝦沙拉Luke's Lobster

市區裡融合著時尚與美景的莫過於明治神宮前這一站了！看完古木參天令人讚嘆的美景，逛完代代木公園剛好來吃美味的龍蝦沙拉，不過要做好心理準備，通常都是要排隊半至一個小時左右的，通常在遠遠的就能看到大排長龍，而這雖然不是日本料理，卻是蟹肉控的妙妙琳喜愛的點心。

如果沒有時間特別訂位到王子飯店坐下來吃蟹腳肉大餐，就可以來表參道外帶一份龍蝦堡，相信也是很能撫慰身心，沒吃過的時候也很難相信有店家會賣這樣豪邁的料理，吃過之後相信了，覺得夏天來吃搭配汽水會特別合適。

來自於紐約的Luke's Lobster在當地也是人氣很火紅的，在日本有幾家分店，而遊客造訪的多半是在表參道這家，外皮的麵包就是一般包熱狗很適合的長形麵包做切開之後再裝滿滿的龍蝦肉，有（Regular）跟（US）二種不同的內容，大概就是蟹肉的多少做區分，但麵包皮使用的是一樣的。

普通版的已經包了很多餡料，主打東北方緬因州產的龍蝦但一般來說貨源還是要看櫃檯上的資訊，妙妙琳吃到的時候使用的是波特蘭產的龍蝦肉，雖然龍蝦肉都是冷凍過的但是因為沒有添加太多多餘的醬料所以天然鮮甜還蠻清爽開胃的。

一份約莫一千日幣的龍蝦堡，可以搭配店裡的汽水一起吃，妙妙琳覺得現買在一旁的位子直接吃掉最好，微香的蒜及鹽吃完了又可以再去逛街看美景，自由行跑行程也很適合。

Info • Luke's Lobster
（表参道店 *Luke's Omotesando*）

日本東京都渋谷区神宮前 6-7-1
+81-3-5778-3747
11:G00～20:30

1

2

3

1. 一般的龍蝦肉堡己經滿是龍蝦肉超鮮美 2. 常常人氣爆滿 3. 龍蝦肉堡己經滿是龍蝦肉超鮮美

東京活動特典

說到東京的活動還真的不少耶！來到東京若不是因為上課，有足夠旅費應該會到處跑吧～所以要來東京久住的朋友一定要先努力存錢喔！因為要搭車出去很多地方這花費得先準備。

煙火大會
難忘的夏日絢爛回憶

夏日的煙火節也稱為煙火大會，是日本的己經持續很久的活動從江戶時間開始的夏日廟會，可以說是傳統文化活動，一般來說多半在暑假的七、八月進行，所以國外的遊客很多都在這期間來玩，別忘了前往的時候先至百元店買個野餐墊方便席地而坐看煙火。

妙妙琳跟到了二場，先來說足立煙火，每年夏季在堤防邊施放，建議大家若是要直接進場看無料席一定要提早入席才不會位置很遠，有很多點是看煙火比較好的位置，最好在下午時間就先到場，需要付費的有料席則可以事先詢問好再前往北千住站步行過去。

隅田川的是七月的最後一個星期施放，西元１７３３年開始至今成為東京規模最大且最知名煙火活動，傳統的煙火之外還會有比賽在第一會場會舉行，可以大飽眼福看到各式最新的煙火設計，除了一般可以在淺草附近看的到，若要位置比較好，有付費的有料席建議先提早詢問。

另外，則是在明治神宮外苑的外苑花火大會，每年的八月份舉行，明治神宮本來就己經是很美的景點，有喜歡神社的朋友妙妙琳會推薦到明治神宮，可以看到很多大型的鳥居和古木參天，交通也很方便上午可以先在原宿或表參道附近用餐再來，下午來逛逛可留到晚上看，也是附設有料席。

Info・足利煙火

- 北千住站
- 03-5246-1111
- 每年 8 月

Info・外苑花火大會

- 明治神宮外苑
- 03-3547-0920
- 每年 8 月

1. 煙火大會大家都穿著浴衣
2. 隅田川煙火大會每年都超盛大（圖為燒鳥屋提供）

達摩節（不倒翁市集）

超可愛達摩節慶

初春的時候和同學走了一趟不倒翁市集，不倒翁市集舉辦的地方很多但比較大型的是深大寺的「深大寺達摩不倒翁市集」，每年舉辦時間約三月初，可以上日本旅遊網官網上再做查詢，從接近深大寺就有不少店家攤販，有各種章魚燒或者蜜蘋果等等各式點心有的攤販貼心放椅子大家可吃完再逛。

深大寺的達摩祭是日本三大達摩不倒翁市集之一，據說大概有三百個攤位紅通通的佔領了鄰近的區域，而到深大寺來買達摩也有原因，這裡有提供幫忙開眼許願，開眼會由寺內人員畫上表示事物開始的梵字「阿」，用完的達摩也會畫上表示終結的梵字「吽」，有看到院方人員將大家拿來的達摩集中，後來有去詢問原來每一年供奉過的達摩，可以交由深大寺人員集中一起畫字做燒掉的處理。

下午二點時候寺內會舉辦傳統儀式「百味供養」，會在元三大師寶前獻上茶點供品祭拜，如果比較幸運的或許有機會看到深大寺出巡的隊伍，也許就像是台灣的繞境儀式，如果只想買可愛的達摩回家放著記得不要畫眼睛，那麼就不必還願。每一年人們都會將使用過的達摩再拿回來還願換新的，各色有不同的幸運意思。

1. 不倒翁市集有多種顏色不倒翁有不同意義 2. 達摩節有很多美食小吃攤販

不過要來深大寺建議要留個半天，因為坐一趟車還蠻久的，若是早上可以先到附近的東京都立植物公園看一看漂亮的花，雖然需要門票但是各式繽紛的花也很賞心悅目，春天本來就是花開的季節，看完花再到神社一整天就會很滿足。

Info・深大寺達摩節

調布市深大寺元町 5-15-1

每年 3 月初

台灣祭

一解思念的家鄉滋味

到日本以後逛了二次台灣祭，比較大的是在上野公園的，會舉辦台灣祭是因為日本希望能夠促進國家間的密切交流，也因為感謝台灣先前對東日本大地震的幫助所以很有意義。

妙妙琳參加上野的台灣祭時不只吃到了台灣的食物，還有好聽的日本明星登台演唱非常享受，也剛巧看到時超人氣的粉絲專頁雖然媽媽說我不可以嫁去日本現實中的男主角茂木先生也出席當天的活動，並且一同和大家見證現場的台日情侶求婚驚喜。

若是從台灣來留學的孩子們或者長期在這裡工作無法回台的，也可以來吃一下家鄉的味道，蚵仔麵線還是滷肉飯或者炸雞排以及有名的珍珠奶茶都是這裡非常熱門的食物，價格方面當然是以日本的物價囉！不過不必回台就能吃到確實可以一解鄉愁。

每年舉辦的時間建議上網搜尋當年的台灣祭時間，但一般來說時間大概落在六至九月，第二屆也擴大在北海道和台北舉辦，想要吃道地台灣料理的朋友們別錯過了這個頗具意義的活動～

Info・日本台湾祭り *2018 in* 上野

東京都台東区 上野恩賜公園 竹の台広場(噴水前公園)

大約是每年 7～9 月依官方每年行程排定

日本台湾祭り *2018 in* 北海道

札幌市中央区北 2 条西 4 丁目及び北 3 条西 4 丁目

2018 年 7 月 28 日～7 月 29 日

日本台湾祭り *2018 in* 台北在迪化街

台北市迪化街

2018 年 6 月 22 日(金)／6 月 23 日(土)

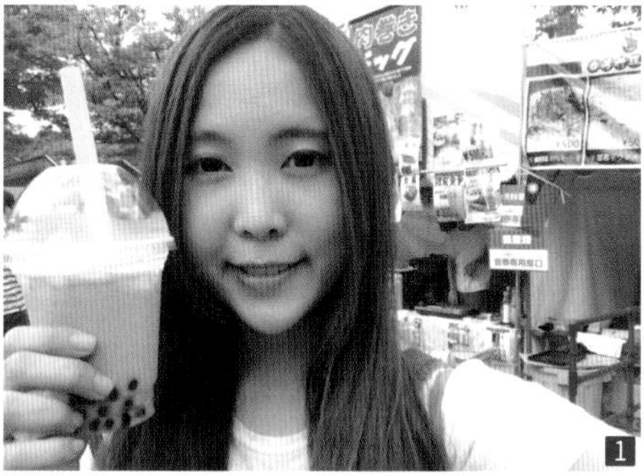

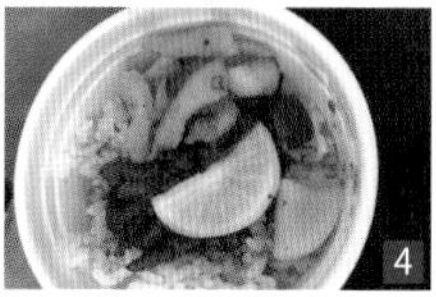

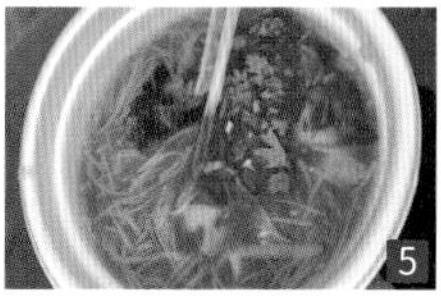

1. 珍珠奶茶攤販很多，風味各不同 2. 一次可以大飽口福 3. 每年有許多小規模場次，上野這會有盛大舉辦 4. 販售許多台灣的餐點小吃 5. 有販售大腸麵線，味道道地

跨年活動
最正統的日式新年

淺草寺雷門

在過年的時候各國總是有不同的活動，而東京人的過年又是怎麼樣的呢？日本人多半會在過年時做所謂的初詣，什麼是初詣？所謂的「初詣」就是說新的一年第一次到寺院或神社參拜。

「初詣」原本不限定在元月一日清晨，但是大部分的日本人會選在除夕的午夜近元月一日零時零分時跨年時到院社拜拜祈求一年如意。

一般來東京都最夯點之一就是在淺草和增上寺祈求來年的平安和順利，因為位在市區且交通方便雷門到過年的時候可是會擠了滿滿的人，大家可排隊通過雷門進入寺內，當天的攤販也會比較早結束營業，年慶氣氛濃厚，大家一起等待過十二點午夜平安鐘響起祈福新年。

Info・淺草寺

東京都台東區淺草 2-3-1(東京 metro 銀座線「淺草站」1 號出口，步行約 5 分鐘、東武晴空塔線「淺草站」步行約 5 分鐘)

03-3842-0181

6：00～17：00(10月～3月的營業時間為 6：30～17：00)

1. 去淺草雷門跨年超熱門（本篇圖片由拆組達人提供） 2. 增上寺也是擠滿了等待初詣人潮 3. 跨年後會有綠豆粉的糕類可吃

增上寺

同樣也在市區的增上寺也是跨年熱門景點之一，１３９３年建立的增上寺裡面有威風凜凜高聳屹立的三解脫門，還有德川將軍的墓。大殿下則是有放牌位的御靈屋，台德院殿靈廟模型為主開了一個寶物展示區。

在十點多時通常是擠滿了人，也有很多賣小吃的攤販，整個很熱絡就像來到夜市一樣，但是又身在熱鬧的東京鐵塔這裡，就像時尚與傳統同時並存般特別的感覺，很適合情侶一起來下午先到東京鐵塔晚上再一起祈福看著美麗的夜景，非常的浪漫～也許不像盛大演唱會但是也是有迎接新年的人氣和喜氣洋洋的感覺，會很有新年新希望。

Info・增上寺

東京都港區芝公園 4-7-35

03-3432-1431 全年無休

櫻花祭
浪漫無比的粉色季節

日本來玩當然不能錯過櫻花季，妙妙琳來到日本就超期待櫻花開放，全日本各區都有不時間的花期開放，粉色的花綻放就是春天到來的意思。很多都是全家人或情侶好友一起相約賞櫻，而每年約三四月左右開放的大概只有二週是滿開的，所以一定要密切的注意網路上的訊息才不會錯過。

賞櫻不只是白天絕美，晚上也一樣有浪漫的風情，不只是天氣變的溫暖，連心情也會因此被感染著，而遊客若是東京著名景點若是櫻花季也可以在墨田區一帶沿岸欣賞墨堤之櫻，源自於1717年德川吉宗下令種植一百棵樹之後便成為賞櫻的熱門景點，櫻花綻放時可以在二邊看到近一千棵櫻花美麗著。

妙妙琳則是有到新宿御院及上野恩賜公園看櫻花，絕美的粉色在樹上像是粉色雪，讓人心情感到快樂和幸福感，很多人都在樹久駐足久久拍著照，或者單純的看著，就覺得喜歡，這樣是櫻花寧靜又美麗的魅力，讓人無法不去欣賞。

Info・墨堤櫻花祭

櫻橋周邊（墨田區向島一、二、五丁目、都營地鐵淺草線本所「吾妻橋站」步行約5分鐘）

03-5608-6951（墨田區觀光協會）

每年3月底至4月初

Info・上野櫻花祭

上野恩賜公園期間（JR「上野」站 公園口、京成電鐵「上野」站、東京Metro地鐵「上野」站步行10分鐘）

03-3833-0030（上野觀光聯盟事務局）

3月底至4月初※根據花開情況日期會有變動。

1. 井之頭恩賜公園的櫻花季（圖為燒鳥屋提供）
2. 上野恩賜公園有櫻花和綠樹四季都美

梅花季──湯島天滿宮（湯島天神）

粉白雪花降臨大地

不說你可能不知道，除了櫻花季之外，還有一個讓人很期待的梅花季，湯島天滿宮（湯島天神）從江戶時代開始就成為一個知名的賞梅景點，白梅「白加賀」為主大概有近三百棵梅花樹，每年的二月下旬至三月初都是很適合來看梅花的季節，也就是預告春天大概已經到了，但確切的花開資訊大家可以到網路上查詢東京湯島天滿宮梅花祭。

梅花有不同品種和顏色，從宮外一直到宮內就像好多粉色、白色的幽幽雪花，搭配湯島天滿宮裡面各式的古式建築和庭園造景，裡面還有狀觀的繪馬區和美食，尤其是繪馬區，菅原道真西元 1355 年開始進駐湯島天滿宮，成為文人與求功名求學業精進的名所。

迴廊式的祈願繪馬的掛架上，滿溢著各式「合格祈願」繪馬，不少日本的考生學子在繪馬上清楚詳細資料祈求考運試順利。有的是全家一起來這裡又或者可能是一個人來看也很有氣氛。

妙妙琳和同學一起相約去看，宮廟的外面有很多賣零食小點心的攤販，買了在台灣就一直很愛吃的雞蛋糕，比台灣的要小顆可是好紮實超好吃！

湯島天神的梅花季是國內知名的賞梅去處

雖然只是一間宮廟卻讓我們在裡面逗留拍照一直到最後花了三小時還沒有離開，許多人都在面停留好久，有機會日本看櫻花別忘了看梅花。

Info・湯島天滿宮(湯島天神)

文京區湯島 3-30-1／湯島天滿宮（湯島天神）

+81 3-3836-0753

寺廟每日開始及結束時間為 8：00～19：30(梅花祭時間約每年 2 至 3 月，請至網路查詢正確花期開放日)

紫藤花祭 ふじのはな物語

絕美紫色花海隧道

除了粉色的梅花就是紫的優雅又讓人覺得夢幻的紫藤花，每一年在櫻花開完之後就可以準備排時間買票來逛逛。足利紫藤花是歷史很久的花而且其實有很多種顏色，而紫藤花也因為園方用心架棚而生長絕美就像是天降下紫色花雨，還有做成花隧道，一旁還有映在水面上的倒影相當唯美，晚上打上各式的燈光讓花兒看起來格外繽紛閃亮活潑。

一年四季其實都有不同的花盛開，據說在此園區內最美麗紫藤已經有十年以上隨著年數累積讓園內的紫藤網格也擴散變大，有許多花卉都是日本獨有的品種，花朵紋路或混合的花色具有獨樹一格的魅力，園區也有販售限定的紫藤花冰棒及冰淇淋更有日本道地料理美食，可以說是能在花園裡度過大半天的花花天堂。

妙妙琳看過一次後覺得非常值得，如果喜愛看看花花草草，又不小心趕不上櫻花其實來看紫藤花開心是很不錯的選擇，但是去看之前記得先上網再確認一下花況，因為所有品種，還有每一年花開的狀況都不太一樣，如果想要擁有一趟舒心的賞花行程，不妨先上足利花卉公園網站再做一次確認。

Info • 足利花卉公園

329-4216 栃木県足利市迫間町 607（JR 兩毛線到「富田」站下車之後，步行 13 分鐘）

0284-91-4939

09：00 ～ 18：00

1. 園區內到處有小花點綴 2. 是個絕佳的拍照地點 3. 園區廣闊，可以逛個夠

浪漫燈節

點亮最美的美麗燈光

這幾年特別浪漫的跨年活動就是燈節，和好友或者是喜歡的人一起手牽手走在長長的燈飾迴廊底下感覺真是浪漫爆表，幾個在東京的熱門景點不管是汐留已經邁向第十五年的活動，或者是表參道的青之洞窟還是東京車站前都充滿了欣賞的人潮。

東京車站燈飾——丸之內仲通

吸引人目光的香檳酒黃金ＬＥＤ球來點綴約１.２公里丸之內大街，２００棵以上的街道路樹都會掛滿香檳酒般金光閃閃的燈飾閃耀，妙妙琳曾在這邊邊走邊逛，奢華的風格好像轉身就飛到歐洲般。

Info・東京車站燈飾

⌂ 東京車站丸之內仲通

⏲ 每年 11 月至隔年 2 月 17：30～23：00（12 月 17：00～24：00），建議先上網確認時間再前往

1

2

3

汐留聖誕燈飾——Caretta汐留

東地區三大燈飾的東京汐留Caretta Illumination走過了超過15年。每年年底都會吸引來自世界各地的旅人前往到這邊欣賞百萬顆燈飾、多種效果有燈光秀、漂亮的燈飾、甚至有電影主題而融合的夢境。

Info・汐留聖誕燈飾

⌂ 都營地鐵大江戶線、百合海鷗號「汐留」站步行 1～2 分鐘、都營地鐵淺草線、東京 Metro 地鐵銀座線、JR 山手線「新橋」站步行 3～5 分鐘。

⏲ 每年的 11 月至隔年 1 月 17：00～23：00（12 月從 18：00 開始），建議先上網確認時間再前往

六本木燈飾——東京中城（Tokyo MidTown）

六本木新城（之丘）人行道上４００公尺高大的櫸木樹掛了許多藍色和白色的燈飾及琥珀、蠟燭色調燈飾，

優美的音樂搭配，就像漫步在童話故事紅毯般浪漫。

Info・六本木燈飾—東京中城（*Tokyo MidTown*）

⌂ 都營地鐵大江戶線、東京地鐵日比谷線「六本木站」8 號出口直達、東京地鐵千代田線或「乃木坂站」3 號出口步行約 3 分鐘就能到。

◷ 每年 11 初至 12 月中 17：00～23：00，建議先上網確認時間再前往

六本木燈飾——Roppongi Hills（六本木新城）

妙妙琳有幸可以看到美麗的宇宙主題燈飾，立體的行星燈飾搭配整片的燈海彷彿在宇宙太空中欣賞行星還有許多的藍色瀑布音樂的播放跟著變化，看到好多女生單身前往因為即使是一個人來看也會覺得浪漫和喜歡。

Info・六本木燈飾—*Roppongi Hills*（六本木新城）

⌂ 東京 Metro 地鐵日比谷線「六本木」站 1C 出口直達、都營大江戶線「六本木」站 3 號出口步行 4 分鐘、「麻布十番」站 7 號出口 步行 5 分鐘

◷ 每年 11 月至 12 月 17:00 ～ 23:00，建議先上網確認時間再前往

5

4

涉谷燈飾——青之洞窟

妙妙琳聽到同學說青之洞窟覺得很厲害特別搭車去看，這就在涉谷附近代代木公園櫸樹街道，已經好幾年辦活動，就像名字一樣，數十萬顆藍色燈飾造成近三百公尺的「藍色洞窟」，有聽說位於義大利卡布里島藍洞很美，但這裡的青色洞窟一樣浪漫滿分，完全讓人沈醉裡面。

INFO・涉谷燈飾—青之洞窟

⌂ 東京 Metro 地鐵銀座線、千代田線、半藏門線「表參道站」A2 出口步行 2 分鐘從東京 Metro 地鐵千代田線、副都心線「明治神宮前〈原宿〉站」5 號出口步行 3 分鐘、JR 山手線「原宿站」表參道口步行 7 分鐘

◷ 每年 11 月至 12 月 11：00～23：00，建議先上網確認時間再前往

1. 相當美麗的東京中城
2. 美倫美奐丸之內仲通
3. 汐留的耶誕城燈景相當經典
4. 在藍色燈海下拍照別有一番風味
5. 青之洞窟每年吸引許多人前來感受藍色燈海

PART
04

旅遊篇
想要去旅行

想來一場小旅行，可是不知道往哪裡去嗎？翻遍許多東京旅遊書，卻找不到心中最完美的去處。來吧，跟妙妙琳一起出發，讓她帶你探訪小江戶的人文氣息、三鷹美術館的童趣氛圍、新宿御苑的四季花景！玩出最美、最萌、最好玩的東京！

在東京的小旅行

除了在市區的購物中心吃美食、逛街等等，也可以到近郊或是美術館、遊樂園走走喔！只要搭車大概一到兩小時看到不同的東京景物，非常值得！大家都會問妙妙琳什麼美妝好用還有土產和美食，也有問說電器美妝去哪買最好或者是哪邊可以淘到寶？這章就是要推薦妙妙琳最愛的一些好吃好物。

1

嚕嚕米公園

走入北歐童話世界

到東京除了迪士尼和三麗鷗以外還有很適合全家親子一起出遊的「嚕嚕米公園」，幾乎就像置身在北歐童話故事裡，像這樣的森林公園在東京近郊實屬難得，所以妙妙琳特別和大家分享，據說也將打造一個嚕嚕米公園，非常值得期待。

現代小朋友已經習慣了3C，所以反而不像以前的小孩可以接觸到自然生態，如果是由東京市區搭車來大概是一小時的車程，適合各種不同的年齡層，特別是設置很多親子可以共享的設施，和小朋友們一起離開都市的喧擾，留下不一樣的美好回憶。

埼玉縣飯能市的嚕嚕米公園要搭乘西武鐵道，在元加治站下車，再步行約20分鐘可以到達，如果天氣不錯其實慢慢散步也不錯，途中有經過公園還有入間川風景都蠻優美，道路也平順，若是帶小朋友走也還可以，上次與朋友邊走邊聊就抵達了。從一進到園區內就可以看到一片高高的樹林，而沒有一般公園附設的玩樂滑梯等設施，讓小朋友自然而然的接近大自然。內部充滿木造的建築以及步道和樹森等等，小朋友和大人們都可以在園區裡面創造不同的玩樂方法，完整呈現嚕嚕米的作者著作中所虛構場景，如「嚕嚕米山谷」完全以實物方式呈現。

園區裡面有幾個重要的建築物重點，森林之家還有嚕嚕米屋敷兒童劇場、水中小屋以及見晴橋。兒童劇場裡洗手間內有設置尿布台，讓小朋友們需要更換時父母能夠比較輕鬆省力的使用。而木造的大型建築裡面也有著樹齡百年以上的檜木建造空間，常常會舉辦音樂會，有時也有特別的分享會或者聖　節慶聚會。木頭香氣充滿著空間內部，還有一間是放置許多嚕嚕米娃娃，並準備一些動植物的書籍繪本，可以讓小朋友多多認識生態。

這座公園裡面最顯眼的地標性建築物，就是大大的白色蘑菇外型的「嚕嚕米屋敷」，房子裡面的家具或廚房、客廳布置的非常精緻，每層樓都有不同的擺設，樹裡面的小小空間或者是窗旁總是會充滿很多不同的驚喜，天氣若是冷了也會使用一樓暖爐，就像是置身在嚕嚕米家做客般，既可愛又感覺溫馨。

2

1. 嚕嚕米公園將卡通中畫面實現了
2. 公園外面有一排美麗的樹林，冬天到訪，彷彿走進畫裡設計
3. 人工小湖與小木屋形成童話故事中的場景

而在水中的「藍色小屋」也是吸睛的一大重點地方，漂亮的藍色小屋就在水的中央，天氣好就可以拍到，能看到自己的水中倒影，相當漂亮。接著是「見晴橋」，

接連著步道，可以從高處來眺望整個園區風景。若玩累了就休息，記得來的路上先到便利商店買一點需要的零食和水，忘了購買的話，嚕嚕米公園入口有販賣機可以購買飲品，很適合全家的親子場所，很推薦嚕嚕米公園。

info

埼玉縣飯能市大字阿須 893 番地 -1

09：00～17：00
週一及年末年始(12 月 28 日到 1 月 4 日)。如週一遇國定假日，則週二休園。

元加治車站下後步行或開車前往

3

川越小江戶

時光穿梭的魔法

如果自由行來東京玩想要暫時離開城市的喧擾繁華時，不妨搭電車以及公車來到冰川神社看看復古建築與美食，在日本的小日子最常跑的近郊莫過於川越小江戶了，在這裡有五次以上的足跡，濃濃復古風格與超好拍照的冰川神社，即使陪伴不同朋友去過很多次也不覺得膩，當地的人力拉車還有好吃的點心與鐘樓都是特色的風景。

川越這個區域是江戶（東京舊稱）北邊要地，在當時是重要的城區，因為當時商業關係，新河岸川與川越都接連江戶區，整個活絡往來的關係非常緊密，幾乎像是江戶那樣的小鎮，所以又稱做小江戶。明治時代也是埼玉縣最重要的商業中心，除了是穀物的轉繼站之外也生產細紋布相關的織品，造成當時蠻大的繁華榮景，當時有俗話說：世界上京都不少但小江戶只有川越一個，而因為當時二戰關係本來在川越發展的重心轉移到埼玉市所以到今天川越才能保持復古小鎮樣貌，建築好像乘著穿梭時光機回到古時代完善保留。

經過近期規劃過的川越有著江戶時代的倉庫建築做為一般商家，大正浪漫通有著濃厚的西方浪漫在整個建築環境的氛圍上展現，昭和小巷則是有著像是老街一般的魅力，也有

1. 川越祭週日二次鼓樂演奏就像佛教繞境般（圖為拆組達人提供） 2. 川越祭冰川祭山車繞境活動盛大舉行（圖為拆組達人提供） 3. 空川越老街與冰川神社有特色公車可搭

2

3

1

現代人常逛的百貨車站。附近也有一些現代化的大樓築起，所以川越是可以體現不同時期的日本，時光倒回般一站站去感受當地風情與感受非常新奇。

僅距離東京三十分鐘電車車程的川越，川越祭冰川祭山車繞境活動是已經舉辦多年也是日本大型祭典之一，成為國家重要無形民俗文化財，受到神田祭與山王祭影響很大，一直到今天江戶山車祭可說是歷史悠久、所以一直都很受大家注目，每年十月第二週六及第三週日盛大舉行。

在川越祭會館有二種山車，在週日則是有二次川越祭鼓樂演奏，可以欣賞川越祭的鼓樂表演，就類似台灣當地的繞境活動般熱鬧。在這裡的建築有著厚厚的黑色瓦片以及雙片開門，所謂的藏造建築在發生大火前後有耐火程度不同的設計，讓整個一番街附近有著不同的風貌，尤其在關東地區大地震後幾乎只在川越地區碩果僅存的藏造一番街及地標鐘樓被選定為傳統建築保存的重要區域，而１９世紀興建的埼玉Risona銀行的洋房老建築也細心保護。

在川越可以吃到很多美食，尤其是當地著名的鰻魚飯，在老街上開了不少間店家，鰻魚料理會興起是因為江戶時代人曾被禁吃豬肉或肉類。川越又不環海，當時最為理想和方便的營養來源就是由河川中捕獲的魚類，還有就是目前受到好評的鰻魚，鰻魚料理使用的調味則是特產醬油使用醬油做

1. 冰川神社後方的唯美河岸　2. 也有小孩的衣著或者正式的打掛振袖　3. 川越老街的鐘樓歷史悠久也是重要地標

的蒲燒醬汁，原本是使用平賀源內土用鰻魚，現在能使用來自各地方進口的鰻魚了，搭配祖傳秘方來製作的醬汁，到川越請嚐一嚐鰻魚飯。

柚屋著物

如果要穿美美的和服在川越老街這裡知名的老街鰻魚飯正對面有間柚屋著物，這家著物妙妙琳就體驗過二次，服裝都很鮮艷漂亮而且造型也做得很美，柚屋的費用也還算是親民，不過建議先做電話預約以免在假日時久候或者是造成無法服務的狀況，每天要還和服也有規定的時間，建議先來換好和服後剛好可以去老街上吃飯，也可以邊拍一些美美的老街和服照相當好看。

大概講一下在柚屋服務的流程，最好能預約服務如果不行的話盡量早到，開店時間大概是九點半，晚上到六點不過歸還服裝的時間是五點半所以盡量要抓好時間，一般來說是搭乘大眾交通工具不過附近也有停車場可用。

因為店員主要是說日文，妙妙琳大概整理一下流程：到店裡面先確認預算店員會告知該價位可以選擇的服裝，接著可以選擇適合的腰帶然後開始進入換衣室開始著裝，老師會非常親切專業的穿上和服，不過在選擇時一定要確認好樣式，因為穿上後是不能再換其他款而穿好後就可以做頭髮的造型，

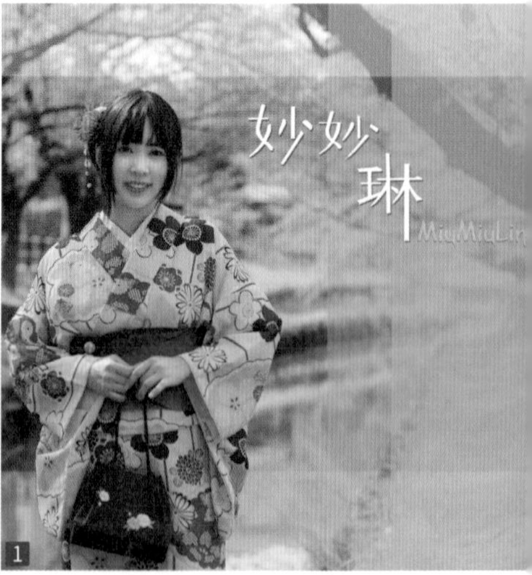

1. 冰川（唱片封面在日本冰川神社拍的使用柚屋的着物） 2. 出口有很多鞋子可以搭配和服挑選 3. 冰川神社的鳥居是日本著名超大鳥居之一

造型師會將頭髮收的很乾淨，並且可以選擇喜歡的頭飾，也可以告知想要的頭髮造型款式都有在鏡子上貼有照片。

冰川神社

再來一定要介紹到是的是冰川神社，通常到川越玩都會接著到冰川神社，步行約十多分鐘就能到達，也有相關的交通公車可以搭乘還算方便，冰川神社約有一千五百年的歷史之久，已經成為文化遺產，而且門口的超大鳥居有十五公尺大是日本最大的木製鳥居，這裡的主神是屬於夫妻神，所以主打是祈求婚姻和諧還有早點找到另一半的緣份及家庭美滿，在夏天的時候還會有結緣風鈴祭（緣むすび風鈴），將願望寫好綁在風鈴，據說這樣能讓緣份早點到來，而每月八號和第四個週六也有良緣祈願祭。

巫女加持的姻緣石是在每天早上發放，但是限量只有二十個送完就沒有了，這是巫女在神社內撿石頭祈願加持後使用白網包起來就成了姻緣石來發放，姻緣石會和紙盒及繩子一起送出，若是想要得到的朋友通常在

1

2

3

1. 冰川柚屋俐落又典雅的造型 2. 老街上有販售好吃的雙色麻糬包著紅豆與地瓜相當好吃 3. 柚屋和服對面是老字號鰻魚飯，這套是雙色雞肉丼

七點前就要到沒有拿到的神社也會發送禮品感謝早起排隊的辛勞。

相較於量極為稀少的姻緣石，有各種可愛和特別的戀愛御守可以購買，也有交通或安全建康及學業安產等等的御守，赤緣筆據說右邊是女生而另一端的筆蓋著的是男方，中間有著無形的紅線若是越使用越短的話，二人距離也會越來越近，妙妙琳也有買一支回家，如果購買巫女也會幫忙做一個加持，讓人感受到多一份信心和靈驗，非常的特別。

自己釣一下魚狀的御神籤詩吧～冰川神社最知名的莫過於愛情籤詩，不必搖籤桶也不需要用抽的，直接拿起小竹竿先投入款項到木箱中，再釣起粉色雕魚就對了，常常讓很多女孩子在這一區拍照拍了許久，籤詩就塞在魚的尾巴，妙妙琳發現來過幾次所釣的籤詩都不太一樣。

超知名的繪馬隧道也是拍照的好點，掛滿滿的祈願繪馬有姻緣或者是生意興隆還是學業等等各種祈願寫在上面，看起來視覺非常的震憾！

人形流的過運法：神社裡有一個小小的人造小河，有什麼不好的人事物就讓人形流去帶走，很多身體不健康或一切的不順都讓象徵的小人幫忙帶走，對著人形紙做吹氣，再使用人形來碰身上不舒服的地方將運過給人形，可以低聲的唸咒語祓えたまえ清めたまえ（haraetamae kiyometamae），最後放到造景小河讓水漂流，最好是流經過裡面的一條界線

1. 使用一根小吊線將你的籤詩吊起　2. 除了各式的籤與護身符之外還有姻緣筆，據說對感情很不錯　3. 柚屋和服對面是老字號鰻魚飯　4. 這裡有很多人力車

2

1

4

3

5

5. 除了有小隻的魚籤也有大隻的魚可以合照超有趣　6. 每年還有特定的夏日風鈴節，掛得很滿

6

Info・川越着物レンタル　柚屋(ゆずや)

- 埼玉県川越市仲町 1-4 2F(最近車站：本川越站／川越市站／川越站)
- 049-227-9150
- 9：30～18：00(週三公休)
- http://yuzuyakawagoe.jp/

Info・川越氷川神社

- 埼玉県川越市宮下町 2-11-3
  (電車：JR 東武東上線「川越站」；西武新宿線「本川越站」下車轉搭巴士／巴士：東武巴士「宮下町」下車即達，「喜多町」下車步行 5 分鐘／小江戸巡回巴士「氷川神社前」下車即達)
- +81 49-224-0589
- 24 小時

江之島

離城市不遠的美麗海島

第一次來到江之島發現車站非常的有復古氣息，紅色的城門式建築，有點類似台北的一些城門，從東京都搭車約一個半小時左右時間。其中地標之一的江島神社已經有一千五百年的歷史，主要是供奉奧津宮、中津宮、邊津宮三個保祐海上安全的三個女神的小神社。

江島神社

邊津宮內有八角神殿，也就是奉安殿，供奉者八臂弁財天還有三大弁財天之一的妙音弁財天，弁財天：佛教的辯才天形像，被視為增長智慧和增長福德女性本尊，也稱為天女，是日本當地的七福神之一的一點紅也是七福神裡唯一的女神，是江島神社代表性的神佛不少人都會到這邊來祈求工商業能繁盛順。

龍宮大神則是江之島的浪漫傳說的故事，作惡多端的五頭龍愛上了來降伏它的弁財天女神，龍後來改過向善死後化為龍口山守護女神，不少人因此來祈求愛情，江島神社也成了不少戀人的聖地，戀人會在這裡留下愛情鎖和敲響愛情鐘，

1. 江之島車站古色古香的味道非常有特色　2. 可愛的小鳥雕像還穿上毛線衣服　3.「灌籃高手」動畫裡晴子的和櫻木花道的相約處

2

3

1

讓愛情可以永恆的持續下去，另外一個中津宮則是不少演藝新星會來這裡希望能讓星運更加順心。

在江島神社下的老街景點都是順山而建立的，有許多店家會販賣當地盛產的吻仔魚刺身、吻仔魚冰淇淋都非常的可口模樣，還有女夫饅頭（紀乃國屋本店），還有 ASAHI 本店的章魚煎餅和龍蝦仙貝也都很知名。

鐵道小旅行與美麗海灘

再來介紹的就是江之島海灘以及江之島電鐵和平交道，接近著名的鎌倉大佛，是著名卡通動畫灌籃高手中櫻木花道跟赤木晴子早上都會打招呼的平交道，湘北高中的參考也來自鎌倉高校，鎌倉高校這站雖然不大但是時髦的列車十分具有濃厚復古特色，顏色也是很繽紛漂亮吸引人的。

離神社不遠的海灘上藍天與沙攤彷佛看見流川楓騎著腳踏車在湘南海邊。也有不少人是來這裡沖浪的，在這邊也有不少店家可以付費寄放物品及沖洗，買瓶冰涼的啤酒或茶在踏完浪之後是非常舒心的。

1. 江之島海灘從神社步行約二十分鐘　2. 這裡供奉三女神，也是愛情聖地　3.Kitty 專賣店裡有好吃的糖果可以買來當伴手禮

新江之島水族館

另外不能錯過的還有新江之島水族館，在這個水族館有許多深海魚類，經過了一次大整修重建後，有一個特別的水母專區，是在日本海濱最近的一個古老水族館之一，也是江之島遊玩的熱門景點。

Info・江島神社

神奈川縣藤澤市江の島 2-3-8（小田急線片瀨江之島站下車，步行 15 分鐘、江之島電鐵江之島站下車，步行 15 分鐘）

+81 466-22-4020

http://enoshimajinja.or.jp/

Info・新江之島水族館

神奈川縣藤澤市片瀨海岸 2-19-1（由小田急江之島線片瀨江之島站步行 3 分鐘）

+81 466-29-9960

週二～五，09：00～17：00／週六～一，09：00～20：00

東京車站

百年建築，永恆美麗

東京美麗建築不少，不能錯過就是特色建築就是東京車站，幾乎重要的電車都會經過東京車站，包含新幹線、山手線等JR各線路還有東京METRO等地下鐵等等，也是美食與娛樂的重點集散地。車站是由建築家辰野金吾所精心設計的，外觀是紅磚瓦再加上內部的裝潢現代又優雅，所以有很多旅行團都會從這邊做為一個出發的起點。

而2020年東京奧運也讓很多伴手禮名店還有料理餐廳都在這邊開店營業所以如果路過轉車別忘了出來欣賞一下建築還有逛逛裡面的商店街，對面的丸之內大樓也可以看到整棟東京車站，只是單純路過真的很可惜喔！

來說說東京一番街，一番街這邊有好多大家愛的卡通商店街非常好買好逛，逛累了還可以去買零食或者是拉麵

1. 車站本身便是經典建築　2. 充滿動漫主題的商店街，能讓動漫迷瘋狂

街吃飯休息，完全可以在這裡面待上半天，附近還有三菱一號美術館及皇居等等著名的景點，很值得大家在這裡留下整日時間來享受美景美食，自由行的朋友在這裡應會覺得不虛此行。

東京車站內想要去一番街記得要往八重州口地方走過去，東京車站超好逛來這裡一不小心就會讓荷包瘦二圈，想找東西不妨到一番街看看是否有喜歡的好物，八重州不論是北口、中央口、南口都可以到東京一番街，但是如果由丸之內線只有北口才會到一番街，所以要認好出口不然會到不了。

東京零食樂園(東京おかしランド)

是中央口一進去就會看到，想要買糖果餅乾都可以來這買，最知名的品牌像是加卡比、森永、固力果都有專賣店，零食控會買到手提滿滿的，伴手禮在這邊也可以輕鬆買到，也可以排在回國前的最後一站剛好買禮物送人。

東京動漫人物街（東京キャラクターストリート）

向北口走則是動漫的商品像是寶可夢還有日本的卡通商品像是 Hello Kitty、龍貓、皮卡丘、米菲兔或是蛋黃哥以及 Jump 和米奇米妮等等都可以在這邊找到商店街，商品還蠻多類型的會逛到捨不得離開。

東京拉麵街（東京ラーメンストリート）

是八重州出口往南走會到，大家最喜歡吃的拉麵街，有八間在東京知名度還有人氣都很高的拉麵店在這裡聚集，不同口味的料理方式不用跑很多地方就可以吃到八種不同的拉麵店家，逛到中午或晚上用餐時間這邊就會是最好的休息和用餐地方，這邊的店家都是機器先買好餐券在入內用餐，所以也可以帶 Suica 卡來付款就很方便。

但千萬記得採購前必須先帶著護照到一番街的櫃檯登記才能退稅，買滿五千元就可以退稅，退稅出口要上去一樓辦理，八重州的北口右手邊星巴克旁，買之前就要先到櫃台辦理免稅登記，出示護照後會拿到免稅導覽手冊、免稅申請表，而退稅只有紅底白字才能退稅，結帳時要把申請表先給店員，買完後到退稅櫃檯出示護照和申請表。

3. 這裡能夠吃到許多甜點美食　4. 知名伴手禮甜點　5. 美麗的屋頂裝飾

4

5

3

春日部

蠟筆小新的秘密基地

春日部（かすかべ）位於日本關東埼玉縣，東京都的北邊方向，同時是漫畫家臼井儀人所成長的地方。

蠟筆小新布里布里Cinema Studio

整個空間被布置成像是電影的攝影棚一般，就像大家進到小新的電影裡面一樣，裡面有很多電影海報展示著，還有野原一家手拓印，看起來像是星光大道般，有很多手印甚至是小新屁屁的印子，一邊還有臼井老師的簽名板與春日部市給野原一家的特別住民票，小新最喜歡的超大巧克比也在這邊看的到。不過由於這只是一個娛樂的空間也沒有收費，這邊不是真的遊樂園但放鬆的話還蠻適合的，可以買一下週邊商品或者和小新的雕像還有看牌拍照留念，讓自己也加入蠟筆小新的自衛隊一員吧！

野原一家與妙妙

春日部情報發信館（ぷらっとかすかべ）

春日部情報發信館（ぷらっとかすかべ）這是小新故事的開始，春日部情報發信館有原稿的複製畫、漫畫場景與真實春日部街道的比對等等，感覺會很有趣，但其實也一樣是個小小的展示區，裡面有很多可愛的布偶，而內部是可以自由拍照的。

Info・蠟筆小新布里布里 *Cinema Studio* 主題遊樂園

- 埼玉縣春日部市南 1-1-1 LaLa garden 春日部 3F
- 10：00～20：00

Info・春日部情報發信館

- Kake Wall 1 - chome 3-4 東武鐵道春日部駅步行 3 分鐘
- 9：00：16～30(週一公休)
- $ 免費

橫濱
近郊港口的絕美海景

東京遠離市中心最方便的港口大概就屬橫濱了，妙妙琳特別用二天一夜的時間來體驗這個海景悠美的地方，在這裡只需要緩慢的步調，可以放鬆可以忘卻在城市裡面的忙碌繁華，十分適合全家人一起來舒舒服服的享受日本簡約生活，而好吃好玩的也很多喔～

這裡有紅磚倉庫、中華街、橫濱紅磚倉庫（赤レンガ）、杯麵博物館以及WORLD PORTERS、地標塔、麵包超人博物館等等，如果要來這邊逛建議大家可以避開假日時間排個二天一夜輕旅行時間比較充裕，玩起來肯定會舒服又開心。

JR京濱東北線就能轉車到，很多美食野餐或者是賞花和銀杏以及棒球賽可以在櫻木町站這邊下，再步行幾分鐘過去，而夜景方面無論是白天或晚上都

1. 夜晚的橫濱更加浪漫閃耀　2. 拉麵博物館的木造小屋，當時泡麵就是在這裡發明的　3. 元祖食品屋內的逼真吊飾

非常漂亮，港口邊倒映建築物和摩天輪成為像設計過的畫面一樣讓人想靜靜的看，享受與風景的對話，就這樣簡單卻讓人著迷。

橫濱地標塔（ランドマークタワー）

是比較著名看夜景的地方，有很多商家來進駐，其中69樓的展望台就是看夜景的地方，入場費用要1000日幣，但可以清楚的看美麗夜景，這棟也是港未來區的地標，建議下午五點多前往，看白天日落與夜景，不過地標塔若是假日來會較多人，因為這裡本來就是觀光客都比較喜歡組團來的地方，所以想要人少可能要試試看平日到這邊看夜景。

橫濱紅磚倉庫（赤レンガ）

看完夜景可以到附近購物商場，雖然省錢但很浪漫很適合情侶們約會，紅磚倉

庫就是很有文創氣息的商店聚集地，而且外觀是西洋式的復古建築感覺就有別於一般日本的建築，裡面有販售栩栩如生的元祖美食模型，看起來真的非常像平時吃的食物，同行的好友最後就有蒐集半熟香蕉模型。

橫濱中華街

在中華街上因為交通便利所以不少華人喜歡在假日時來到這邊逛逛，所謂的中華街已經有150年以上歷史，目前也是全日本規模最大的中華街，還有神戶的南京町與長崎新地的中華街齊名，是1859年時橫濱港開港時在橫濱市所開發出的外國人聚集商店區域，這邊還興建了一間香火頗為鼎盛的關帝廟，更有中華學校開設，10座中式牌樓就大大的樹立在街上，大家可以把握機會留下到此一遊的照片記憶，畢竟這是在日本的中華街，感受還是很不一樣。

在日本的華人或想要吃中華道地美食的外國人或日本人來到中華街就對了，有各

1. 橫濱紅磚倉庫(赤レンガ)現己成為市集有很多質感或文創店家　2. 拉麵博物館的吉祥物就是拉麵小雞　3. 杯麵博物館飄在中空的泡麵相當有氣勢

種中華水煎包或中華餐館，還有很多賣服飾或者中華字畫的店鋪也有很多是販售中華料理的超市還有食材物料的物產店，可以買到平常買不到的配料，最多人排的就是妙琳也有吃的雙水水煎包，吃起來要小心因為裡面有很多鮮美的湯汁，小心燙口但吃起來很過癮，妙琳很貪心的還買了一大袋的天津炒栗子，不過這裡炒栗子的店家還蠻多的，些許差異價格和味道建議可以先試吃看看再做購買比較好。

另外，還有一個熊貓泡麵聽說也很有名不過妙妙琳當時沒有特別去找，是黑色的麵條再搭配白色湯頭，就像熊貓一樣有黑有白非常有趣。

杯麵博物館

最後要來介紹一間可以玩上半天的地方就是杯麵博物館，這是一間以杯麵拉麵為主題的美食樂園，有拉麵相關的發明發展影片或資訊展出，也有數十家超好吃拉麵在這裡設攤，在這裡就可以

輕輕鬆鬆的吃到各國的料理而且還貼心的都是半份，價格上也有優惠的方式，讓大家可以點好幾樣不同的東西來吃非常貼心，在裡面妙妙琳最喜歡的是使用泡麵配料的泡麵霜淇淋，出乎意料的好吃而且配料的香氣與霜淇淋味道很搭。

還有超特別是在杯麵博物館裡可以預約做泡麵，從桿麵條和炸麵條開始一直到最後搭配料一手自己親做，如果來的較臨時也可以購買杯子畫上可愛圖案在杯子上，再到配料區選擇喜歡吃的配料，最後再包裝起來，整個變成可愛又可以吃的紀念伴手禮，而一樓也有販售許多限定包裝的泡麵還有吉祥物小雞娃娃的產品，買回去當伴手禮也相當有紀念意義。

如果是下午時間離開，大家可以到一旁的遊樂園走走，又或者是可以到對面的WORLD PORTERS 品嚐各式正餐或美食，像是可愛的造型冰品就選擇很多。還有卡通造型的麵包或草莓口味波蘿麵包以及口味多樣的雕魚燒既漂亮又好吃，店名叫世界第二好吃波蘿麵包的麵包店在這邊也有賣，妙妙琳推薦吃抹茶口味的波蘿麵包。

4

5

4. 橫濱杯麵博物館可以動手做泡麵 DIY 自己畫自己選配料 , 包裝起來很可愛
5. 橫濱杯麵博物館的美食街有販售泡麵配料的霜淇淋 , 吃起來蠻美味的

Info・横浜ランドマークタワー

橫濱市西區港灣未來 2-2-1
045-222-5030
10：00 ~ 21：00

Info・横浜赤レンガ倉庫

橫濱市中區新港 1-1-2
045-211-2301
11：00 ~ 20：00

Info・橫濱中華街

橫浜市中区山下町 136 番地(元町「中華街站」步行約 3 分、JR 線「石川町站」步行 10 分)
9：00 ~ 19：00

Info・杯麵博物館

橫浜市中区新港 2 丁目 3-4
+81 45-345-0918
10：00 ~ 18：00(週二公休)
https://www.cupnoodles-museum.jp/ja/yokohama/

2

3

1

日光東照宮

文青最愛散策去處

每每旅遊來到日本超愛吃超市的大草莓，而日本在地人都知道著名的草莓品種就是櫪木縣出產高級草莓品種「Skyberry」妙妙琳也親身體驗到摘草莓的樂趣，並且參觀了知名的東照宮和輪王寺，吃美味的草莓點心下午茶自助餐，日落前泡湯完全是療癒的夢幻行程。來到櫪木縣小山市體驗草莓摘採朋友說這像掌心雷，大大顆的鮮紅草莓想吃就自己摘，吃到飽超級滿足的，甜度還非常高，每顆草莓都很乾淨樣子也都非常完好，就是在超市裡很貴的那種。剛好早餐沒有吃太多，直接吃了好幾十顆，草莓控的妙妙琳連打個飽嗝都有草莓香。

紅色的橋是日本的三奇橋之一叫做神橋，位置在二社一寺的日光山入口正面玄關，漂亮的朱紅色寬六公尺、長二十七公尺，是日本的主要文化遺產非常吸引人目光，路上的郵筒也是復古的樣子很好看。日光本舖就是我們當天吃午餐的地方，悠閒吃美味的豬肉鍋及栗子飯等等定食，簡單的日式料理充滿著濃厚的道地氣息。吃完飯也逛了樓下的紀念品和伴手禮的商場，商場裡的禮品種類非常多，招財貓也特別可愛但最知名的其實是表面有金箔的蜂蜜蛋糕。草莓的商品還是最吸引妙妙琳目光的，很多草莓蛋糕都做的好美味的樣子，妙妙琳是草莓控，還帶回一瓶草莓醋以及一盒有金箔的美味草莓蜂蜜蛋糕。

輪王寺每年都有幫人做所謂除晦的祈神，也就是類似安

6

4

5

1. 掛滿祈願繪馬的繪馬牆
2. 日光山輪王寺外觀
3. 人潮來來去去的日光東照宮
4. 日本三奇橋之一的神橋
5. 日光名物是金箔蛋糕
6. 寄一封信給自己吧

太歲那樣的祈願活動，非常知名～日光東照宮是祭拜江戶幕府的開府將軍德川家康的靈廟，而五重塔的位置就在東照宮裡面，不過再進去看漂亮的雕刻就要收費了其實這邊也可以乘坐東武晴空塔線再轉日光線來。

妙妙琳走向另外的幾間神社其中二荒山神社，有可以拍照的眾多酒桶當背景，剛好入口處有個福神，摸不同位子可以招不同好運好多人排隊摸啊摸的，若想招財就摸背袋。接著很神奇的地方這裡還有二棵夫妻樹，帶來良緣的石獅子也很特別。一旁還有很多人都想求的愛情良緣板。

知名的菓子店日光卡斯特拉樓上能用餐，放著好多大家都愛的草莓大福還有糕點，也有日光最著名的金箔蛋糕可以吃～羅曼蒂克村溫泉亞久里泡溫泉泡湯，分成男女湯還有露天的湯池可以感受，泡完可以坐按摩椅喝瓶牛奶會非常放鬆。一整天十多小時的充實行程很順暢，雖然是出外旅行卻感覺很放鬆自在，買完菓子伴手禮感到一天很充實，而價格也非常實在，非常推薦大家。

台場
臨海購物聖地

台場可以玩上一整天，交通方便也能同時滿足夜景和逛街購物、吃美食，還有鋼彈和什麼年齡都喜歡的Lego Land樂高樂園，也有適合全家都能來的船之科學館、海濱公園眺望整個彩虹大橋，是相當多第一次自由行的人最常安排的入門行程。

台場是填海造陸人工島，具備休閒娛樂的成分，因此成為人氣總是沸騰的熱門景點，如果到了夏天還有花火表演，夜晚時在海濱公園靜靜看海，與白天的喧鬧相比，顯出特別不同的寧靜，妙妙琳推薦幾個喜歡的角落給各位。

首先要來看看「自由女神像」（じゆうのめがみぞう），在台場有一個仿真度很高的自由女神像，據說是依照原本的自由女神像縮小比例製作。在拍攝自由女神像時還能同時入鏡夕陽與彩虹大橋，整個畫面很是豐富、好不單調。

而台場的「彩虹橋」在入夜之後會在東京灣海上閃耀著七彩的光芒，若是和另一半或者情侶來都會感覺浪漫滿點，如果搭百合號到汐留時候則會由彩虹橋上經過，就好像跑在彩虹上面一樣，風景很特別又漂亮。

1

台場維納斯城堡購物中心(VenusFort)

算是離市區最近的OUTLET，不用搭車搭超久跑去輕井澤或者是箱根，這裡就已經有非常多的品牌，歐洲風格的建築，搭配天空造型的天花板，讓在裡頭逛街或者接受服務的人，就像逛一整天、天不會黑一樣，讓人一直逛。也可以坐著台場摩天輪欣賞景色，入夜之後看起來更加讓人難忘。

Billsお台場

AQUA City有杜莎夫人蠟像館，還有號稱世界最好吃的早餐Bills，來到Bills可以感受到整家店的質感相當精緻，並且提供大通道讓有嬰兒車的家長可以方便推動。Bills的招牌菜是「鬆餅」，吃起來又香又綿，淋上糖漿、口感微甜，相當適合小朋友吃。在這家店看出去風景很美，如果用來求婚應該是非常好的場所呢！也很推薦草莓點心，不甜膩而且有點脆脆的口感，像是放大版的馬卡龍一樣，配茶特別棒。

東京3D幻視藝術館

在日本其他地方也有，而很多最新幻覺作品都在這邊展出，妙妙琳也進去看了，布景很多是透過眼睛角度的錯覺或者些許的聲光帶來的立體效果，真的很厲害！令妙妙琳印象深刻是前方有一個打翻湯的圖，妙妙琳站進去就好像伸手就能接到湯般錯覺，非常有趣。

2

3

4

5

1.AQUA City的Love裝置，是大家愛拍照打卡的景點
2.維納斯城堡VenusFort OUTLET品牌眾多，超好逛！
3.東京3D幻視藝術館，有相當多視覺上的藝術值得一看！
4.Bills的招牌菜鬆餅是必點的餐點！
5.獨角獸鋼彈每天都會有定時的聲光展演，搭配卡通片段特別好看

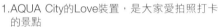

大江戶溫泉物語

品味道地日式放鬆

喜歡泡溫泉的朋友們不要錯過大江戶溫泉物語喔！位於台場商圈不遠的地方，很建議把台場的行程一起排，在這邊算是日本最大的溫泉主題樂園，有露天溫泉等十多種溫泉，也有蒸氣浴以及岩盤浴以及蒸氣室等，天然的溫泉讓人邊泡邊忘卻一整天的勞累疲倦，可以穿上浴衣後再去玩傳統的復古童玩以及吃美食點心，還可以免費穿浴衣美美的享受江戶時代的美景。

在這裡妙妙琳與朋友玩的很開心，朋友還說只留四個小時真的太少，所以大家要來建議要留個半天最適合喔！可以完整的體驗到設施內容，佔地頗大而溫泉也分成很多種，大家可以依自身狀況和洗好來選擇適合的溫泉，來之前如果還有一些時間可以上網先購買票券，這樣享有折扣比較划算。進來的時候要先把鞋子寄放，接著至櫃檯選擇適合自己的浴衣及腰帶，接著拿著櫃檯給的鑰匙就可以進去放東西，鑰匙是有一個磁扣的，當天一直到離場前只要用磁扣就可以吃飯買東西，所以還蠻方便的，要離場時再做付款就好。

如果只是想要單純喝飲料，店家販售看起來十分沁涼的啤酒和飲料，而整個美食街道是像復古時代一樣還有一些裝飾的櫻花樹所以看起來非常粉嫩，而姐妹還跑去抓氣球版的小金魚，感覺很像在夜市撈魚般抱完澡吃完飯如果有時間建議大家可以喝瓶鮮奶沙發區休息會非常享受！可以排在回國前的行程，大家應該都會很喜歡，如果是紅眼班也超適合。

1. 建築物內有幾個大大的紅傘下，好多人都在拍唯美的照片
2. 這裡提供免費浴衣

Info・大江戶溫泉物語

- 江東区青海 2 丁目 6-3
- 03-5500-1126
- 11：00～23：00
- daiba.ooedoonsen.jp/en/

招財貓廟宇

陷入可愛的貓咪陷阱吧！

如果到神社通常想要得到一些好運也想要求姻緣和求財，想要求財的話來到招財貓神社就會覺得多一份可愛感，妙妙琳特別去了幾間供奉招財貓的神社，快到東京來找招財貓許下你的求財或者是戀愛心願吧～

妙妙琳到豪德寺時還特別搭了貓咪電車到豪德寺站，這邊剛好有限定期間的招財貓電車，車廂裡面的拉環也是招財貓的立體模樣非常好看，東急世田谷線的迷你車廂也非常可愛還能邊搭車邊看看窗外風景，附近的東肥軒也有賣招財貓菓子，不只看起來可愛也非常的可口。

豪德寺

位於世田谷區的豪德寺據說是招財貓的發源地，還有個傳說故事，日本當地的彥根藩主井伊直孝出外打獵時，經過豪德寺看到貓咪和他招手便進到寺廟裡聽和尚講道，不久便下起了超大豪雨，也因為托貓咪的福躲過大雨，所以後來便建了豪德寺來供奉招福貓兒，特有的招貓殿則供奉招貓觀音，

1. 附近的限定版貓咪電車
2. 招財貓車廂內連拉環都是招財貓造型
3. 妙妙琳和自性院的貓咪雕像

招貓殿旁則有一千多隻招財貓，所以頗具人氣。

今戸神社

在淺草的今戸神社很適合戀人們一起來，在這裡供奉大大的招財貓，一旁還有掛滿滿繪馬的姻緣招財貓繪馬區，有看到這邊有人力車的停留，如果覺得累時也可以僱一台人力車，可以繞一下附近同為七福神廟的幾個廟宇，今戸神社的御守也都是超可愛貓咪，貓巫女造型的戀愛占卜籤還會告訴你緣份的另外一半大概是幾歲的人，還有生肖等等，非常有趣可愛～神社階梯旁的二隻石招財貓很受大家的人氣喜歡，到這裡參拜很多都會站在戀人貓咪前面摸一摸貓咪雕像或和雕像一起合照。

自性院

在新宿區的自性院在入口就有一個超大的招財貓雕像，供奉的是貓地藏，貓地藏是在十四世紀時，太田道灌在打仗時見黑貓招手就進入自性院，躲過可能失去性命劫難，黑貓死後太田道灌建立貓地藏石像來供奉，至現在每年還在二月時盛大舉辦貓地藏祭典，七福神和招財貓還有桃太郎等等扮裝都在神社附近遊街相當熱鬧，還有約八十公分的貓地藏，手中還有佛珠是日本比較特別的密佛之一，祭典時也會販售黑貓御守，二月別忘了來自性院。

1

2

1. 位於淺草的今戸神社
2. 今戸神社的戀愛貓咪受到當地人喜歡很多人都會摸摸貓雕像

Info・豪德寺

東京都世田谷区豪德寺 2-24-7(豪德寺站徒步 15 分／宮の坂車站步行 5 分鐘)

Info・今戸神社

東京都台東區今戸 1-5-11(淺草站 7 號出口步行約 15 分)

Info・自性院

東京都新宿區西落合 1-11-23（從都営地下鉄大江戸線「落合南長崎站」下車後步行 3 分）

Laketown 郊區巨型購物商場

從JR越谷レイクタウン這一站出來之後就能看到，交通非常便利，Laketown購物商場裡面主要分成三棟，也就是一入口看到的黃鴨和樹木以及湖水的標誌—KAZE、MORI、OUTLET，記得回去搭車時要走回車站連接的是KAZE，KAZE也是妙妙琳最常逛的商店街，共有三層佔地面積很大，還包含超市和書店，來逛街建議大家一定要穿平底鞋才不會腳痛，2015年底才重新裝潢開幕。

整體的設施都還很新，不管是休息區或者是洗手間的數量都非常足夠，也有很多哺乳室和吸煙室，就連販賣飲料的機器數量也很多所以請放心，若是推小朋友來這邊逛街忘了帶推車這邊也是有一些可愛卡通推車可借。

KAZE和MORI之間是有電動手扶路橋的，也就是常在機場才看的到的規模，可見這邊的佔地有多大，常常讓人逛了二腳發痠，因為好逛好吃的太多了！KAZE大概有248家店主要是年輕時尚服裝和餐飲店還有生活雜貨，在三樓甚至還有大型夾娃娃機店的店家，滿足年輕人的玩心，開創嶄新生活形態。

MORI則是327間商店，除一般店家還有美容和汽車用品及運動或家庭用品，充滿綠意以舒適為主，以親子和學習或者是優質休閒為主打的購物環境。Lake Town暢貨中心則是有陽光花和樹木，在買東西的同時也像在大自然裡面，享受的是不一樣的購物氛圍，當然知名的品牌大多都進駐了。

Info • AEON レイクタウン laketown

埼玉県越谷市レイクタウン4丁目2番地(JR武蔵野線越谷站)

10：00～20：00

http://www.aeon-laketown.jp/

1.WEGO的專賣店男女生的商品都有而且價格也非常實在

2.lake town是東京週圍逛街者的天堂，可以從早到晚逛一天

築地市場

吃一口最鮮的生魚片吧！

東京最知名的海鮮批發市場「築地市場」，這裡有魚臉頰蓋飯與玉子燒，也是海鮮生魚片控的天堂，已確定將在2018年10月6日搬遷至台場地區新建的「豐洲市場」，築地市場也將成為旅人們最美好回憶，場內市場是批發區較多知名的壽司魚生店家，像是──大江戶、鳥藤、八千代，場外市場則是外面的店家，多為丼飯和海鮮及冰淇淋或玉子燒等小吃點心。

妙妙琳很愛吃排隊的玉子燒，已經飄香賣了80年的玉子燒「丸武」每份只要100日幣非常便宜，但來總是會客人排滿滿，因為都是現做的大家都很耐心等，拿到後都會等不及趕快吃或和朋友們分享，吃起來香嫩又滑口，充滿濃郁蛋香，除了丸武還有「大定」、「松露」、「山長」等幾家人氣玉子燒也都很知名。

1.「築地どんぶり市場」（築地丼物市場）的魚臉頰蓋飯　2. 丸武玉子燒已經有八十年歷史

還有推薦的就是鮪魚肉烤過做成的丼飯，很少吃魚的朋友們一定要試試，因為吃起來就是沒有魚腥味而且看起來吃起來就像牛肉片一樣口感超可口，「築地どんぶり市場」（築地丼物市場）位於市場的外圍就在大馬路邊還蠻好找的，貼了滿滿的各式招牌海鮮，才五個位子常常都是客滿的狀態，很推薦大家吃看看，妙妙琳平常比較少吃魚，但這家的蓋飯確實美味烹調手法真的很棒，不只妙妙琳自己吃了喜歡，帶來一起吃的朋友也都大聲贊道魚臉頰蓋飯的美味。

紀文家的炸魚餅是白色的小芭蕉扇感覺很可愛，吃起來有點像甜不辣加魚皮口感，QQ的很美味，另外還可以看看市場內有販售炸玉米棒，吃起來很香，還有鮭魚卵幾乎滿出來的壽司以及馬糞海膽也都是很具人氣的築地名物。

Info・築地市場

2018年10月6日前搭車只要坐到築地駅或築地市場駅即可，2018年10月後搬到台場

http://www.tsukijigourmet.or.jp/index.php

東京晴空塔

地標商場，購物天堂

Moomin在一樓的地方販售超多嚕嚕米的商品，完全讓人少女心噴發，再來是東京伴手禮專賣店有東京香蕉和好多種不同的點心禮盒，到了二樓還有龍貓共和國，有超多龍貓和魔女宅急便的東西，可以逛很久，如果想要看夜景推薦大家到三十二樓的美食餐廳的樓層，那邊有一個沙發區可以免費看夜景，人也不會很多。

うまやの楽屋

肚子餓了推薦在六樓的うまやの樂屋，價位還蠻平易近人的，一客一千元左右的烤豬肉定食份量很足，還可以加飯，水也是知名品牌的礦泉水，位子也很寬敞用餐時間沒有等很久，蠻推薦全家人或三五好友一起相約うまやの樂屋用餐。

Quil Fait Bon蛋糕

Quil Fait Bon 蛋糕位於晴空塔的二樓位置，日本很有名的水果塔店家，吃起來蛋糕口感非常細緻，下午茶或是假日時間都要排很久時間，不過大家都覺得蠻值得的，如果生日想要訂蛋糕記得提早幾天預訂還可以幫大家客製化蛋糕寫上名字浪漫祝賀，給另一半驚喜吧～

1. Quil Fait Bon 蛋糕可以寫上名字
2. 東京晴空塔在兒童節五月時會有鯉魚旗飄揚

Info・うまやの楽屋 東京ソラマチ店

東京都墨田区押上1丁目1－2 東京ソラマチ 6F
03-5610-2742
10：00～20：00

Info・Quil Fait Bon 晴空塔店

東京都墨田区押上1丁目1番2号
03-5610-5061
10：00～21：00
http://www.quil-fait-bon.com/

淺草寺

百年古寺，東京必訪

來過淺草寺嗎？白天和晚上有不同的美景，大家一定聽過雷門還有這裡最有名的人形燒，除了好吃的之外，晚上店家打烊後也有一種不同的寧靜優美感覺，不妨與好友或另一半來逛逛。

淺草寺是日本最悠久的寺院，除了雷門還有五重塔與寶藏門也是很值得留下美麗照片的地方，小舟町燈籠就是寶藏門，再向裡面走就是觀音堂，如果細心的人還發現有大草鞋掛在寶藏門重達五百公斤的草鞋，是山形縣村山市所敬奉給仁王的貢品。

如果要參拜前記得先淨手和漱口，在寺內拍照不可以直接拍攝正殿神明，很多人都在中央香爐的地方將香煙向身上揮著，好像是為了尋求好運，仲見世通旁也有很多藥妝店可以逛，可以漫步一整個下午時間。

Azuma(吉備糰子)

1. 觀景台的景色相當美麗　2. 觀景台空間很舒服不少人在這裡休息看風景　3. 灑上黃豆粉的燒麻糬店搭配冰涼茶超美味　4. 雷門處總是有大量遊客聚集門口

推薦妙妙琳最喜歡吃的淺草而且用划算的價格就能吃的點心就是 Azuma 雷門往淺草寺仲見世通裡的一家點心店，吉備糰子是一種將麻糬沾上黃豆粉的熱糰子。也可以購買冰涼抹茶（夏季限定）或者甜酒搭配吉備糰子，一旁還有準備桌子可以站著吃，只要 500 日幣不到就能吃的很開心！

着物レンタル 浅草愛和服

在淺草寺附近有很多店家可以租借和服，有的還會附上髮型非常仔細，有一家愛和服著物已經開了三家分店，服裝選擇上還算多價格也實在，最重要的是愛和服有提供會中文的人員在櫃檯，大家可以比較放心，服務也很親切和專業，很適合來這邊想要試看看和服或浴衣的朋友們。

Info・着物レンタル 浅草愛和服

- 花川戸 1 丁目 -13-12 タニヘイビル 2F
- 03-6231-7554
- 09：00～18：00

Info・淺草文化觀光中心觀景台

- 東京都台東区雷門 2 丁目 18 番 9 号
- 03-6802-7581
- 09：00～20：00

淺草寺附近的愛和服著物店開了三家，服裝選擇多服務親切

淺草文化觀光中心觀景台

妙妙琳來日本住之後才發現的景點，是在淺草寺的正對面，建築大師隈研吾著名的「負建築」外形很奇特有不對稱之美，看起來很有禪意但是設計耐震，登到八樓的免費觀景台之後可以將整個淺草寺盡收眼底，一樓的櫃檯也有結合遊客諮詢的服務，中英日韓文都會通，而且還提供換外幣的服務真的超級貼心。

地下是洗手間，二樓是提供大家使用電腦查詢還有免費 wifi 的地方，如果媽媽帶小朋友來二樓也有授乳室，口渴也可以販賣機買飲品，充電也有很多插座，如果手機剛好沒電記得到這邊來充電一下，樓上也有輕食餐廳，是非常適合到淺草一遊時順道看看的景點。

Info・*Azuma*（吉備糰子）

- 東京都台東区浅草 1-18-1
- 補補 03-3843-0190
- 9：00～19：00(賣完為止)
- www.asakusa-nakamise.jp/store/pop.php?sid=16(日本語)

Info・淺草寺雷門

- 東京都台東區淺草二丁目 3 番 1 號(東京 metro 銀座線「淺草站」1 號出口，步行約 5 分鐘)
- +81 3-3842-0181
- 06：00～17：00(10～3 月開放時間 06：30～17：00)

小石川後樂園

中國特色江戶花園

這不是遊樂園，是詩情畫意的美麗花園，它在江戶時代建造，並且在設計以池塘為中心成為回游式假山泉水的庭園結構，採納了明代的遺臣朱舜水的意見，參考西湖堤和圓月橋的設計概念，完全是充滿中國風格的庭園。

小石川後樂園其實與范仲淹的岳陽樓記有相關，先天下之憂而憂，後天下之樂而樂成為了後樂園取名的原由，也被定為特別古蹟和特別名勝，同樣雙重指定的還有金閣寺及濱離宮，所以在日本國內非常受到重視和保護。

後樂園是東京當地人常稱呼的，庭園大概有7萬平方米，也是巨蛋的1.5倍，梅花、櫻花、杜鵑等大概超過三千株植物，東京都內如果想要賞梅花或者是賞櫻花還有楓葉，一年四季的重點幾乎在這裡都有。

1

2

3

曾經整修過後來收費開放，園內有濃濃中國特色還有日本各地的建築，園內有假山還有小橋流水，春天的櫻花，夏天的杜鵑，秋天的紅葉，冬天的梅花，庭園的設計里添加了很多儒家思想的元素，重要書籍《孟子　梁惠王上》中名句「賢者而後樂此」即是庭園名由來，整年都可到後樂園來體驗美好自然風景濃濃的詩情畫意，相信都能留下美好的漂亮花卉印象。

Info・小石川後樂園

- 文京區後樂 1-6-6(大江戶線「飯田橋站」下車後步行 3 分鐘)
- +81 3-3811-3015
- 9：00～16：30(17:00 閉園)，12月29日～1月1日不開放
- $ **大人 300 日幣 65 歲以上 150 日幣**

1. 這裡需要購票入場，但遊客不會太多旅遊品質不錯
2. 依照中國古代著名的橋所設計的石橋
3. 後樂園內一個展示小屋，有濃厚復古氣息

新宿御苑
四季花景各有特色

賞花在東京多半不能錯過新宿御苑，這原本是江戶時代信州高遠藩藩主內藤家宅邸所在地的一部分，一直到後來變成皇室的庭園，近期則開放一般民眾都能購票到園區內逛逛，園區內包含了日式庭園的設計還有英式風景庭園和法式幾何庭園，櫻花還有秋天的紅楓是最聞名的，在東京都裡還有這樣的世外桃源，讓人為之讚嘆，正門是封閉的，但開放新宿門、大木戶門和千駄谷門三處供出入。

很喜歡裡面的庭園設計，而庭園裡的日本庭園還有一處舊御用涼亭，也被稱為是台灣閣，是當時在台灣的日本人為了慶祝昭和天皇結婚捐贈出來的，目前也是東京都選定的歷史建築，英格蘭風景式庭園則是舊洋樓御用休息處（旧洋館御休所），是明治年間西洋式木造建築，被指定為日本國重要的文化財產。

妙妙琳在櫻花通常還沒開的三月中旬來到新宿御苑，本來想應該還沒有櫻花開，但是看到滿滿開放的許多櫻花樹覺得超美超開心，各色不同的花也爭妍比美，推薦如果要來看花的朋友最好是留下半天時間可以和朋友家人坐在樹下野餐。

1. 每到櫻花盛開期間，大家都會前往新宿御苑賞櫻 2. 新宿御苑是需要購票入場的 3. 不少賞櫻的遊客都會穿著和服前往櫻花樹數量算蠻多的，整片非常漂亮

Info・新宿御苑服務中心
- 新宿區內藤町 11
- 03-3350-0151
- 9：00～16：30(最後入場時間為 16：00)

三鷹美術館

宮崎駿的奇幻國度

通常稱作吉卜力美術館的三鷹美術館其實正式的名稱是三鷹市立動畫美術館，如果在附近下車就看到很多路標告訴大家怎麼才能到達吉卜力動畫館，要先和大家說的是購票問題，這邊沒辦法直接購票進場，三鷹之森吉卜力美術館門票怎麼買？門票購買是事前預購制若沒有買是無法進場的，每個月日本時間上午10點會開放下個月份的門票預購，找到後點選 Exclusive Website for Visitors from Overseas 進入海外旅客專用購票網站。

而且每天可以入場的時間也有限定，訂票時就必須決定入場的日期及時間，入場時間每天有四個時段，線上購票使用信用卡付款，付款成功後即可列印購票證明，紙本的購票證明在要入場時會兌換成底片造型入場券，收藏起來很不錯！入場是需要核對證件的，所以填資料時要確認一下時否資料填的正確。

1. 美術館本身有一面都是玻璃非常漂亮　2. 入口處有大龍貓迎接 3. 特別彩繪過吉卜力美術館的公車
（本篇照片感謝拆組達人提供）

Info • 三鷹の森ジブリ美術館

東京都三鷹市下連雀 1-1-83　0570-055777
10:00 ～ 18:00（週二公休）
http://www.ghibli-museum.jp/

在美術館裡面可以看到許多動畫的原理、原始的動畫片展示，重現製作工作室場景，還有當年吉卜力的原稿，也有一個超人氣的草帽 Café 讓大家需要用餐的時候可以吃，不過要記得提早吃因為園區就只有這一家，通常要排隊排蠻久的。

映畫主要是播放原創動畫的地下一樓，以電影「龍貓」為背景而創作出來的動畫覺得很可愛，不過內容通常會不定期更換，也可以了解到動畫如何動起來，一樓大廳則是草稿到影片製作過程，二樓則是龍貓巴士展示，很多小朋友還能坐在龍貓公車裡感受動畫中搭龍貓公車是如何的心情，圖書閱覽室則收藏許多兒童文學書籍角野榮子的《魔女宅急便》等，吉卜力的相關書籍則現場有販售。

屋頂上有個庭園，天空之城機械兵（ロボット兵）雕像可以讓大家一起合照，機械兵身上還有秘密的拉普達文字，如果喜歡宮崎駿的朋友們要多拍幾張，來到吉卜力美術館一起懷念一下當初看到宮峻駿動畫時的那份初心和感動。

東京鐵塔
經典建築，務必朝聖

東京鐵塔

啟用於1958年的東京鐵塔主要有高度150公尺的大瞭望台、高度250公尺的特別瞭望台以及商場「FOOT TOWN」。雖然進入瞭望台需要付費，但可以360度看東京美景還有富士山已經非常值得，另外FOOT TOWN則有咖啡廳和水族館等人氣店家，置地廣場燈「鑽石面紗」常因活動或季節變色，就算晚上看夜景也非常迷人，來東京一定要體驗東京鐵塔的浪漫。現在東京鐵塔也有海賊王的室內樂園設置，吸引許多海賊迷前來。

芝公園

芝公園是離東京鐵塔非常近的一個小公園，如果逛完鐵塔可以到芝公園來休息，也是在市中心裡面讓人可以放下腳步休息的好地方，可參觀公園內著名的噌上寺和芝東照宮，若剛好櫻花季來可以在芝公園裡看著櫻花飄落相當漂亮，不妨也和另一半以及好朋友們來場浪漫美麗的野餐吧～

舊芝離宮恩賜庭園

造訪東京鐵塔還可以順道來逛逛傳統水池庭園，在當地舊芝離宮恩賜庭園自江戶時代以來相當知名，迴遊式泉水庭園以水池為主做設計並與石頭搭配，與草木和商業高樓大廈形成了強烈的對比但超好看。

Info・東京鐵塔
- 芝公園4-2-8(電車「濱松町」站 北口下車步行15分鐘)
- 03-3433-5111
- 09：00～23：00
- https://www.tokyotower.co.jp/

Info・芝公園
- 東京都港區芝公園一・二・三・四丁目(都營淺草線、大江戶線「大門」站步行5分鐘)
- 24小時

Info・舊芝離宮恩賜庭園
- 東京都港區海岸一丁目(從JR山手線「濱松町」北口下車後步行1分鐘)
- 03-3434-4029
- 9：00～17：00(最後入園時間16：30)

1. 附近的芝公園能看到整個鐵塔
2. 附近很多造景和小公園
3. 夜晚點燈後的東京鐵塔絕美的讓人難忘

東京迪士尼樂園／東京迪士尼海洋

拜訪米奇米妮的美麗城堡

位於日本千葉縣浦安市是華特迪士尼公司授權的度假區，東京迪士尼海洋本來是電影攝影棚類型的主題樂園，並與美國佛羅里達州與法國巴黎的迪士尼樂園相似，但後來因為擔心日本對電影文化不熟而調整方針，也是第一次在迪士尼樂園出現主題，目前也是全世界最多遊客的迪士尼樂園之一，主要有七個主題海洋區域。

搭乘ＪＲ到舞濱站需要出來步行向迪士尼的園區列車，列車整個車站到車廂還有拉環都是可愛的米奇造型，建議來到迪士尼海洋可以留下一整天，或者最好能留下二天一夜時間，因為遊客多這樣才可以一次將二個園區玩的比較透喔～

1

2

東京迪士尼海洋

妙妙琳很推薦美國海濱的「驚魂古塔」&「玩具總動員瘋狂遊戲屋」、美人魚礁湖的「小美人魚秀」、神秘島「地心探險之旅」、失落河三角洲表演節目「神秘節奏」、雲霄飛車「忿怒雙神」阿拉伯海岸「辛巴達傳奇之旅」，而在遊行方面則在特定時間代表人物米尼和米奇等等會在水面船上唱歌跳舞相當好看，晚上如果天氣許可也都會有煙火，在園區裡用餐都有迪士尼特色的餐盤吃飯時也會覺得非常具有歡樂氣氛。

東京迪士尼樂園（東京ディズニーランド）

東京迪士尼樂園的主要角色是米奇老鼠等，但是也看的到小美人魚、阿拉丁，「卡通城」（Toontown）內以「親善大使」出現帶給大家歡樂表演陪伴大家，妙妙琳特喜歡逛米奇米尼的專賣店，裡面的商品近年來發展出各式不同商品，不但精緻又漂亮，常常都有收藏的價值，而夢幻城堡也是必拍照的地方，不定期推出新的爆米花桶超級可愛，妙妙琳之前買過米奇的造型這次買到灰姑娘馬車造型的爆米花桶，不同造型的讓人忍不住通通都想蒐集齊全～

餐點也是很可愛的，像妙妙琳也有買到冰雪奇緣的套餐還有米奇米妮的冰棒，吃起來很美味又可愛，很適合打卡達人拿來拍照，而且有些遊戲也可以得到抱枕之類的贈品，還蠻有成就感的，最後妙妙琳買了好多伴手禮送給朋友，朋友都很喜歡，專屬的粉色三眼怪側背包和附有印章的筆也非常特別。

每天下午和晚上的遊園秀以及晚上的閃耀花車還有必看煙火都讓人覺得歡樂無比，還有一份感動的氛圍，所以大家別錯過秀的演出，妙妙琳好喜歡迪士尼樂園的一句話——我們在追趕的是歡樂，人生就是需要這樣的幸福感染不斷前進。

Info • 東京迪士尼海洋／東京迪士尼樂園

日本國千葉県浦安市舞浜 1 番地 1（日本千葉縣的浦安市由 JR 舞濱站出來，換乘迪士尼的列車直接到海洋迪士尼，也可以搭乘同樣的車到迪士尼樂園及飯店。）

+81 45-330-5211　08：00 ～ 22：00　https://www.tokyodisneyresort.jp/tdl/

1. 超人氣的玩具總動員項目　2. 東京迪士尼海洋的發現港景色悠美　3. 專屬列車不管是窗戶還是拉環都很可愛　4. 米奇金獎秀演出非常精彩　5. 定時的表演秀相當好看

三麗鷗樂園

萌翻天的少女世界

三麗鷗樂園是位在日本多摩市的一個親子樂園，有大家所喜愛的HELLO KITTY還有My Melody、酷企鵝、Little Twin Stars、布丁狗、可洛比等大家最愛的人物，在這裡可以親身的體驗到與人氣玩偶互動合照等等的樂趣，還有很多正版紀念品，更是少女心爆發的夢幻天堂。

妙妙琳也喜歡裡面的遊樂設施，是可以全家或者是情侶們一起同樂，其中餐廳最讓妙妙琳花了好多時間挑選餐點，因為幾乎都是做成可愛的三麗鷗卡通模樣，這邊可以吃的到外面買不到的餐點或布丁及蛋糕，有的還有附盒子以及杯子可以收藏讓人選擇好久都難以決定。

定時巡迴的人舞物蹈也是非常值得一看的，會有真人與人偶一起出現與大

1

3

2

朋友小朋友一起互動跳舞，結束還會繞場來個華麗的遊行，也有卡通人物定點和大家拍照，或者也可以利用科技穿上KITTY的服裝拍張照片打卡也很有趣，最不能錯的還有舞台與聲光效果都頗為講究的夢幻歌舞秀非常具水準。

雖然不在市中心但是搭車也很方便，新宿搭乘往「橋本」的京王線到京王多摩センター站下車就可以到達，非常適合全家帶著小朋友一起來玩，喜歡夢幻卡通人偶的女生也可以拍照拍的非常開心。

Info・三麗鷗彩虹樂園

東京都多摩市落合 1-31

042-339-1111

週一 09：00～20：00／週五 10：00～17：00／週六 09：00～20：00／週日 08：00～20：00(週二～四公休)

https://www.puroland.jp/

6

4

7

5

1. 女生最愛化妝品變成和人一樣大好像人變小一樣
2. 禮品區也好漂亮而且商品超多種
3. 餐點都好可愛盒子還能收藏
4. 三麗鷗卡通家族的室內型主題樂園
5. 樂園內有許多可愛人偶
6. 這裡的點心可愛到讓人捨不得吃
7. 真人與人偶會出來跳舞和大家互動

筑波山

登高一覽絕美景色

筑波山神社位於茨城縣筑波市，其實筑波山本身就是神社供奉的的御神體，目前有三千年歷史，有分成東西峰，都有神殿座落在山腰，有中禪寺的本堂及旁的三重塔，後來經過明治維新目前剩下鐘樓以及慶龍寺，不少人會在這邊許願並且購買御守或者是許願石之類的，而樹齡約八百年的大杉是當地人大多數人都知道的，不少人也為了守護愛情而造訪此地，意味著戀愛的結緣許願地。

怎麼到筑波山？市中心可以搭秋葉原發出的筑波快車換乘筑波山班車到筑波站大概需要四十多分鐘，最後再搭直達的巴士前往筑波車站到筑波山大概是四十分鐘車程，搭乘筑波山纜車隨著車廂上升可以看到關東大地的美好風景，來時建議下午二三點到，可以由下午看到傍晚夜景相當漂亮迷人。

另外，筑波山還有很可愛名字「男體山」及「女體山」，妙妙琳是造訪女體山上，也有不少人是用登山的方式上山，男女體山纜車是相通的，是日本百大名山，到山上時有看到很多漂亮的繡球花長在台階旁，還有賣好吃的冰淇淋好消暑，如果玩得累了也有在山下的地方有餐廳可以用餐，算是設施蠻完善的東京近郊，市區過來的普通車費用約在四千出頭，還蠻推薦想暫離市中心的朋友們來喔~

Info・筑波山神社

茨城県筑波市筑波1番地
029-866-0502
8：30～17：15(全年無休)

1. 從筑波山神社纜車看出去，居高臨下視野很廣 2. 上山後有一段路是可以步行的 3. 很多人都在女體山御本殿參拜

富士急高原樂園

體驗經典鬼屋

到富士急遊玩打卡大家都在問妙妙琳絕凶・戰慄迷宮好不好玩，同時也是非常知名的最長時間才能走完的鬼屋之一，大概要五十分鐘才能走完出來，不過進去的時候是要另外購票費用大概是五百日幣，還可以購買護身符，如果膽小的遊客出示護身符就能將鬼怪趕走，全長大概是九百公尺，設定主題為廢棄醫院「慈急綜合病院」讓來的遊客成為主角之一的實境鬼屋，進去可以聞到濃濃藥品的味道，不過不能拍攝照片，每人也會發手電筒，算是可怕指數頗高的一間鬼屋。

除了鬼屋想要推薦的還有著名的雲霄飛車有金氏世界紀錄認證的，也是目前世界上最大傾斜角度（121°）大型雲霄飛車，驚人的線性推進模式驅動以及直線加速和垂直軌道極速降落都讓人有身心的超深感受，妙妙琳有親身體驗真的很可怕，如果膽子不夠大要先想過再坐上車，應該能滿足膽大人的基本需求。

如果想要比較溫和的項目，妙妙琳則建議可以搭乘摩天輪，妙妙琳有坐到透明及彩色的車廂，但透明的只有一個可能要排隊等，另外咖啡杯和木馬也不需要等候太久，如果買通票可以多坐幾篇還蠻好拍照的。

AKB48曾在這裡舉行大型活動兼演唱會，日本富士電視台綜藝遊戲節目全員逃走中亦曾在此取景拍攝，除此之外附近因為鄰近富士山河口湖，想要一探富士山美景或者是泡溫泉的朋友可以在附近玩二天一夜更盡興。

1. 樂園內的摩天輪可以看整個樂園景色，十分推薦買通票的人來坐　2. 富士急高原樂園為日本知名且極具人氣的遊樂園之一　3. 有各種遊樂設施，若買通票可以全部無限暢玩

Info・富士急ハイランド

403-0017 山梨縣富士吉田市新西原5丁目6番1號

+81 555-23-2111

週一～五 09：00～17：00／週六、日 09：00～18：00

http://www.fujiq.jp/

阿美橫町

便宜購物好去處

阿美橫町就位在東京上野車站與御徒町車站之間，搭車來還蠻方便的，妙妙琳每次習慣的路線就是從御徒町站開始往回逛，阿美橫町的入口旁還有我最愛的丼飯可以吃，阿美橫町這個名字據說是發音和美國「アメリカ（America）」相近，而橫町則是大大小小街道的意思，而最一開始是所謂的黑市，販賣許多美國貨，有些進口東西在這才能買到，也有人說可能因為當時賣很多零食及糖果，因為阿美（アメ）的發音和日本糖果——飴（あめ）很接近，阿美棋町的由來提供大家參考。

在阿美橫町妙妙琳推薦幾間喜歡的店家，像是御徒町出來就看到的GU商場提供不少物美價廉的服裝並提供試穿，裡面有提供退稅還有機器自動結帳服務，可以吃完飯去買完衣服再去阿美橫町逛，中華物產店有販售很多中華包含台灣的一些食材及佐料等等方便在日本想念中國或台灣味道的朋友們可以購買家鄉味回家慢慢料理。

如果走在阿美橫町可以看到很多切片水果像是哈蜜瓜或香瓜，草莓串在這裡也有，切片的最便宜百元日幣就有了，現吃甜甜的非常滿足，常常吃完章魚燒就喜歡來吃一串切片

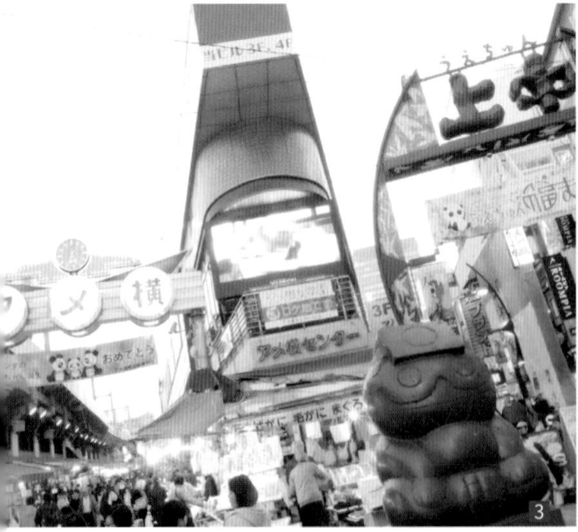

1. 上野恩賜公園櫻花盛開時都會吸引很多遊客
2. 物產店內超多佐料食材
3. 這裡分成上中與阿美橫

1. 阿美橫町的 GU 購買衣服超多款式物美價廉　2. 章魚燒不分口味拿到後可以自行添加佐料　3. 德大寺假日時都會有人前往參拜　4. 二木菓子旁的章魚燒現做超好吃　5. 草莓串相當適合吃飯後來解膩

Info • 紫色のビル 多慶屋(たけや)

- 東京都台東区上野 4-33-2
- 03-3835-7777
- 10：00 ～ 20：30
- https://takeya.co.jp/

水果平衡一下油膩感覺。

二木菓子旁的章魚燒現煮現做超好吃，常常大排長龍因為價格實惠又美味，而且很親切，曾經在開店時前往購買老闆還多送一個給我，真的很貼心！二木菓子旁還有一間寺廟德大寺，若有興趣看看日式寺廟的可以上前參觀，德大寺也是人氣很高的一間寺廟，晚上或假日常去看時都有一些遊客在參拜。

二木菓子在前面是伴手禮和土產店不管是日本當地的或是大中華區的商品都有，品項非常多，有分成本館和 PINK 館，像很多需要買禮物回國的朋友也可以來這挑，有賣日本各地的特色商品，觀光簽滿額也能免稅，一次可以買齊零食或食材還有禮盒，有些東西在這裡買也比外面便宜，可以多多比較。

如果不想要逛街逛很久又想要一次買齊所有東西的話可以去多慶屋，有賣許多美容和電器商品，服飾雜貨也都有，有很多價格也比外面的更加便宜，伴手禮部分可以在一樓找找，多慶屋可以刷卡非常貼心，有些朋友買吹風機或者是一些電飯鍋類的商品就可以來多慶屋看看。

熱海
充滿人文風情的海邊

熱海城

熱海城是熱海的地標，登上可以看整個熱海的美景，名為熱海城，但並不是很久遠的建築，但可以了解江戶和戰國時代歷史文化，從最上面的天守閣可以眺望到熱海街道，感覺非常漂亮壯觀，可以從下午一直待到看夜景，這裡日落似乎較慢若要等日落建議到七點左右。

來宮神社

來宮神社有一棵日本第二大的神木「大楠樹」也被選為國家指定天然記念物，樹齡已經有約二千年，據說繞樹一圈多一年壽命而且心想事成，規劃了相

1. 熱海城是著名地標　2. 來宮神社的多鳥居也很漂亮

當完整的紀念品區和咖啡座及洗手間，還有可以展演的地方，晚上點燈後有不同風貌。

宮之松／貫一阿宮之像

在當地也是一個拍照的打卡點，位於Sun Beach是熱海有名的景點，尾崎紅葉的《金色夜叉》一書，宮之松拉著貫一卻被踢開，也是純情男生變成金色夜叉的海邊，開頭以熱海海岸的宮之松為背景描寫，閱讀過書的人都能來感受一下書的內容情節。

起雲閣

1919年建立融合了日式和西式，在當時是嶄新的建築物，二戰後開設旅館的時期受到谷崎潤一郎和太宰治等日本文人支持，館內咖啡店現在也能體驗當年文豪的感受，喝著咖啡也許可

以來試試寫詩做詞，相當自在愜意，這樣的感受讓人不想離開。

原本是富豪的所有地，後來被改建為旅館，許多文人作喜歡愛來住，也在美麗環境下寫出很多知名的作品，充滿歷史的和館和洋館包圍整個庭園，一年四季都有不同的美麗，來漫步其中相當有幸福感受。

初島

坐船約半小時就可以到的初島是在伊豆半島東部的相模灣上，島內有360度全景觀賞大海的露天泡湯澡堂和別墅型的旅館，很多人是全家來這裡渡假泡湯、潛水、觀星或者釣魚各種自然活動，午後我和朋友們在草地上一躺彷佛來到一個綠洲般身心舒暢，若來到熱海非常推薦搭船來初島泡湯，靜靜的感受渡假的風情。

1. 非常知名的來宮神社　2. 起雲閣風景超美　3. 附近知名的炸物大排長龍

Info・熱海城

静岡県熱海市曽我山 1993
+81 557-81-6206
9：00～17：00
費用 大人 900 日幣、小・中學生 450 日元、4 歲～6 歲 300 日幣

Info・來宮神社

静岡県熱海市西山町 43-1(從熱海站搭乘前往南西山方向的巴士)
+81 557-82-2241

Info・起雲閣

静岡県熱海市昭和町 4-2(從熱海站出站後步行 20 分鐘，前往梅園、相之園團地方向、清水町搭環繞巴士 10 分鐘，至「起雲閣前」下車)
0557-86-3101
9：00～17：00(入館至 16：30)，週三公休(週三為節假日時開館)，12／26～12／30 閉館
費用 大人 510 日幣、中學生・高校生 300 日幣、小學生以下免費

Info・初島

静岡県熱海市和田浜南町／東海岸町(熱海港・伊東港搭船 30 分)

PART 05

附錄 旅遊小妙招

景點那麼多，該怎麼安排才能玩得淋漓盡致？旅程的天數不同，我該如何規劃我的行程呢？妙妙琳一口氣規劃三種不同天數的東京行程表，只要跟著行程走，就能帶回最美麗的東京回憶！還有還有，想要讓旅程更加順利，可以學習日文小語，再附上各種交通票券的介紹，保證獲得最順暢的東京之旅！

十全十美的魅力東京

上山下海的的十天旅遊規劃，包含購物以及海邊和山上的景點，看知名的鎌倉大佛玩超歡樂的迪士尼樂園還有超好買的原宿及明治神宮，阿美横丁吃美味的章魚燒逛二木菓子還有横濱的優美景色踩遍熱門景點：

DAY 1 抵達羽田機場／成田機場 ⇩ 搭車飯店入住 *Check in* ⇩ 晴空塔（購物、觀景）

DAY 2 鎌倉大佛 ⇩ 江之島神社或鎌倉高校前及湘南海岸 ⇩ 江之島水族館

DAY 3 阿美横町 ⇩ 上野恩賜公園 ⇩ 淺草（淺草寺、雷門、仲見世通商店街）

DAY 4 横濱 ⇩ 櫻木町、中華街、杯麵博物館、横濱港夜景

DAY 5 東京迪士尼樂園／東京迪士尼海洋（可排一或二日遊，建議一個樂園一天）

DAY 6 明治神宮 ⇩ 表參道 ⇩ 原宿 ⇩ 六本木 ⇩ 東京鐵塔

DAY 7 春日部 - 蠟筆小新的家 ⇩ 越谷 *lake town outlet*

DAY 8 築地市場 ⇩ 東京車站（一番街）⇩ 代官山 ⇩ 中目黑 ⇩ 自由之丘 ⇩ 澀谷

DAY 9 台場海濱公園 ⇩ 購物中心 ⇩ 鋼彈 台場自由女神 ⇩ 富士電視台 ⇩ 彩虹大橋

DAY 10 機場免稅店及享用餐點 ⇩ 羽田機場 成田機場搭機返國

七天一週時間 感受浪漫東京

七天版則是十天的版本精華及稍做修改，妙妙琳還推薦大家去吃吃看CP值超高的王子飯店的星級自助午餐，到東京就是吃小吃與海鮮蟹腳超過癮的，然後這個行程也很適合女生，有可愛的戀愛貓咪寺廟以及三麗鷗樂園等萌行程喔！

DAY 1 抵達羽田機場／成田機場↓搭車飯店入住 *Check in* ↓ 晴空塔（購物、觀景）

DAY 2 台場海濱公園 ↓ 購物中心↓鋼彈 台場自由女神 ↓ 大江戶溫泉物語（泡溫泉穿美美浴衣）

DAY 3 三鷹吉卜力美術館 ↓ 井之頭公園 ↓ 吉祥寺 ↓ 新宿

DAY 4 嚕嚕米樂園 ↓ 越谷 *lake town outlet*

DAY 5 三麗鷗樂園 ↓ 東京車站（一番街吃飯逛街）

DAY 6 淺草今戶神社（戀愛招財貓神社）↓ 淺草寺（淺草寺、雷門、仲見世通商店街淺草文化觀光中心）

DAY 7 機場免稅店及享用餐點 ↓ 羽田機場 成田機場搭機返國

用五天時間感受精彩東京

匆匆來去的五天也可以非常精彩，將美麗夜景還有和服體驗的行程納入行程裡，也感受到後樂園和恩賜公園的造景城市綠洲之美還有東京車站的經典建築和一番街美食甚至能到優雅的女僕店休息或造訪中村藤吉 - 微笑花朵店家。

DAY 1
抵達羽田機場／成田機場 ⇩ 搭車飯店入住 *Check in* ⇩ 晴空塔（購物、觀景）

DAY 2
川越小江戶（體驗和服）⇩ 冰川神社 ⇩ 淺草寺（夜遊及淺草文化觀光中心）

DAY 3
上野恩賜公園 ⇩ 阿美橫丁（二木菓子買伴手禮）↓秋葉原電氣街／私設図書館 - 優雅女僕餐廳

DAY 4
小石川後樂園 ⇩ 東京車站（一番街）⇩ 中野百老匯 *Bar Zingaro*（中村藤吉 - 微笑花朵店家）

DAY 5
機場免稅店及享用餐點 ⇩ 羽田機場／成田機場搭機返國

日語旅遊會話速成班

日本旅行真的很方便，不過自由行常常碰到使用一些句子，這樣會讓幫您服務的店員更覺得親切，溝通上也比較方便，與其使用英文表達，不如來看看幾句實用的日文吧～

中文	日文	羅馬拚音
你好，初次見面	はじめまして。	HA JI ME MA SHI TE
請多多指教	どうぞよろしくお願いします。	DOU ZO YOROSHIKU ONEGAI SHIMASU
很好吃	おいしいです。	OISHI DESU
請等一下	ちょっと待っててください。	CHO-TO MA-TETE KUDASAI.
好的，沒問題	はい、大丈夫です。	HI , DAIJOBU DESU.
好的，我知道了	はい、わかりました。	HI , WAKARI MASHITA.
請問多少錢？	お値段いくらですか？	ONEDAN IKURA DESUKA?
我有預約住宿，請幫我CHECK-IN	宿泊予約したんですが、チェックイン手続きをお願いします。	SHUKUHAKU YOYAKU SHITAN DESUGA , CHE-KU IN TETSUZUKI WO ONEGAI SHIMASU.
不好意思，請問可以讓我借放行李嗎	すみません、荷物を預かってもらえませんか？	SUMIMASEN , NIMOTSU WO AZUKA-TE MORAE MASENKA?
這班電車會在XX站停車嗎？	この電車はXXに止まりますか？	KONO DENSHA WA XX EKI NI TOMARIMASUKA?
我要兩張往XX的車票。	XX行きのきっぷ二枚ください。	XX IKI NO KI-PU NI MAI KUDASAI.
請問XX號登機口在哪裡？	XX番搭乗ゲートはどこですか？	XX BAN TOJOU GETO WA DOKO DESUKA?
你入境的目的是？打算待多久？	入国の目的は？どれぐらい滞在します？	NYUKOKU NO MOKUTEKI WA? DOREGURAI TAIZAI SHIMASU?
我是來觀光的，預計停留5天。	観光です。5日間ぐらい滞在する予定です。	KANKO DESU. ITSUKA KAN TAIZAI SURU YOTEI DESU.

3種最划算的PASS券

妙妙琳喜歡東京的原因之一就是交通很方便，而這些能帶著大家上山下海看美景吃美食的電車，大都有提供較為優惠的一日乘車券可供使用。以下推薦三款東京地區好用的鐵路一日券！不須出示護照、在各個適用車站的售票機就可自購，不論您是以觀光客或中長期居留者身分前來東京，相信都能幫您在東京活動時節約一點交通支出。

東京 *Metro* 地鐵 *24* 小時車票

票券售價	成人 600 日圓，兒童（6～12 歲）300 日圓
注意事項	• 適用路線：銀座線／丸之內線／日比谷線／東西線／千代田線／有樂町線／半藏門線／南北線／副都心線。 • 前述路線以外的鐵路車站（JR、都營地鐵及海鷗號等其他鐵路）無法使用。 • 若搭乘直通運轉至其他鐵路的班車到超過有效區間的車站，有可能碰到站務員要求付清出發站到目的地車站的標準車資，請儘量避免此種用法。

都營地鐵一日券

票券售價	成人 700 日圓，兒童（6～12 歲）350 日圓
注意事項	• 適用路線：大江戶線／淺草線／三田線／都電荒川線／新宿線／日暮里舍人線。 • 前述路線以外的鐵路車站（JR、東京地鐵及海鷗號其他鐵路）無法使用。 • 若搭乘直通運轉至其他鐵路的班車到超過有效區間的車站，有可能碰到站務員要求付清出發站到目的地車站的標準車資，請儘量避免此種用法。

JR 都區一日券

票券售價	成人 750 日圓，兒童（6～12 歲）370 日圓
注意事項	• 前述路線以外的鐵路車站（東京地鐵、都營地鐵及海鷗號等其他鐵路）無法使用。 • 無法搭乘到吉祥寺／三鷹站（吉卜力美術館）以及舞濱站（東京迪士尼樂園） • 若搭乘直通運轉至其他鐵路的班車到超過有效區間的車站，有可能碰到站務員要求付清出發站到目的地車站的標準車資，請儘量避免此種用法。

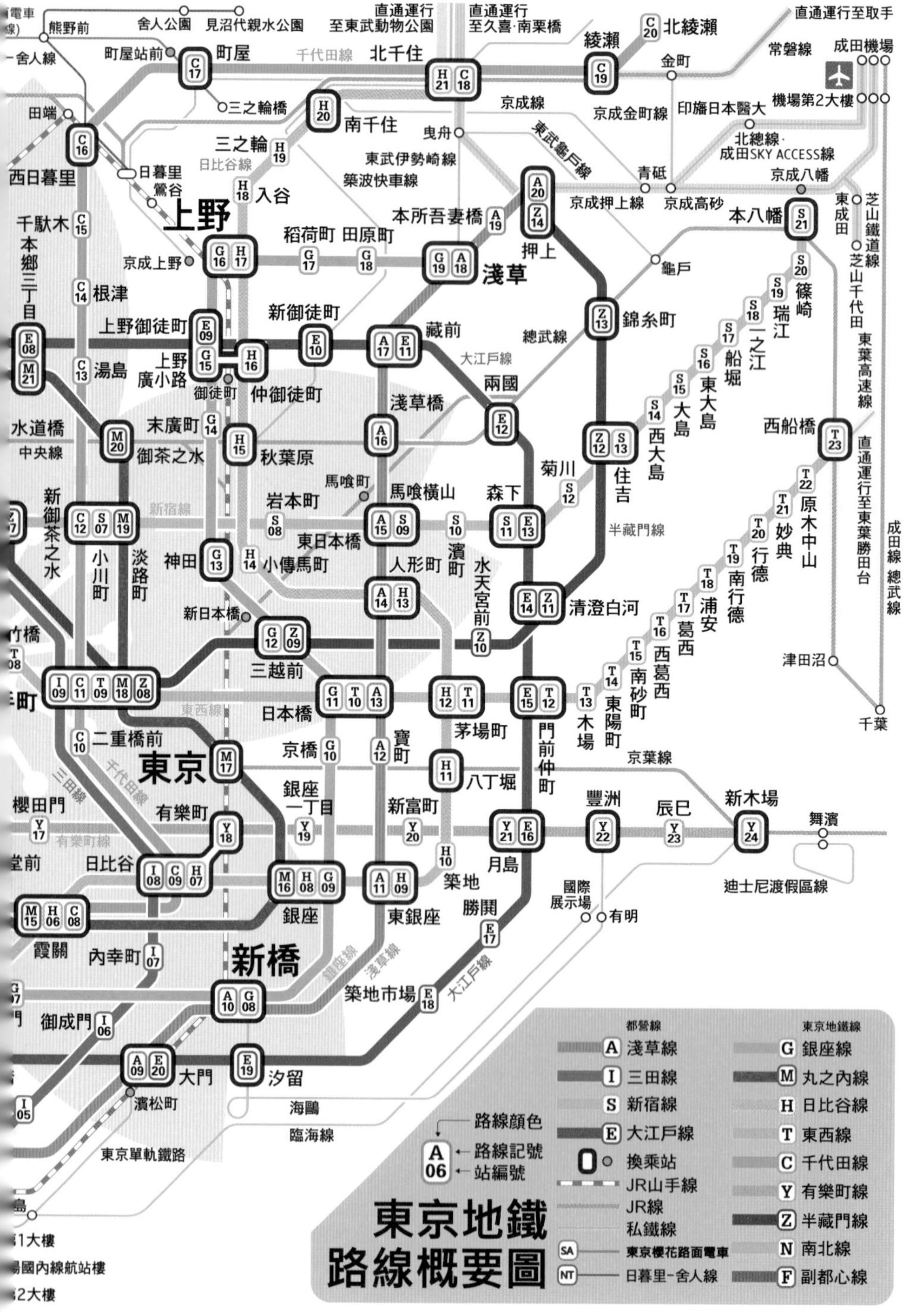
東京地鐵
路線概要圖
都營線
A 淺草線
I 三田線
S 新宿線
E 大江戶線
換乘站
JR山手線
JR線
私鐵線
SA 東京櫻花路面電車
NT 日暮里-舍人線
東京地鐵線
G 銀座線
M 丸之內線
H 日比谷線
T 東西線
C 千代田線
Y 有樂町線
Z 半藏門線
N 南北線
F 副都心線
路線顏色
路線記號
站編號
上野
淺草
東京
新橋
直通運行至東武動物公園
直通運行至久喜·南栗橋
直通運行至取手
直通運行至東葉勝田台
北千住
北綾瀬
綾瀬
町屋
南千住
三之輪
入谷
西日暮里
千駄木
根津
湯島
新御徒町
上野御徒町
上野廣小路
仲御徒町
秋葉原
御茶之水
淡路町
小川町
神田
三越前
日本橋
京橋
銀座
東銀座
有樂町
日比谷
霞關
大門
汐留
押上
錦糸町
住吉
森下
清澄白河
門前仲町
木場
東陽町
南砂町
西葛西
葛西
浦安
南行德
行德
妙典
原木中山
西船橋
本八幡
豐洲
辰巳
新木場
月島
勝鬨
築地
八丁堀
茅場町
人形町
水天宮前
濱町
馬喰橫山
東日本橋
岩本町
淺草橋
藏前
兩國
稻荷町
田原町
本所吾妻橋
成田機場
機場第2大樓
舞濱
迪士尼渡假區線
有明
國際展示場
海鷗
臨海線
東京單軌鐵路
濱松町
千葉
津田沼

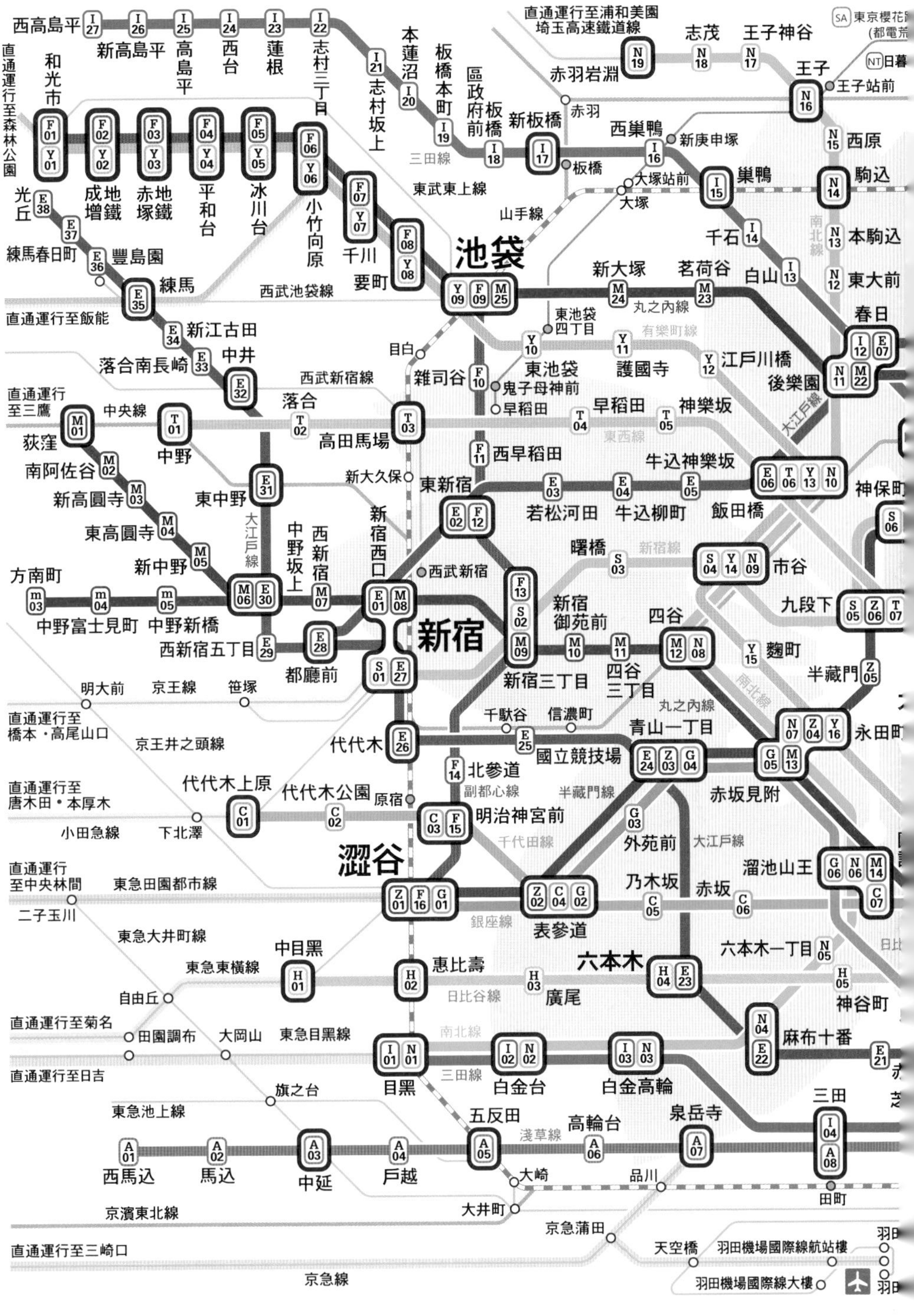

西高島平
新高島平
高島平
西台
蓮根
志村三丁目
志村坂上
本蓮沼
板橋本町
板橋區役所前
新板橋
西巢鴨
巢鴨
千石
白山
春日
直通運行至浦和美園
埼玉高速鐵道線
赤羽岩淵
志茂
王子神谷
王子
王子站前
西原
駒込
本駒込
東大前
赤羽
板橋
新庚申塚
大塚站前
大塚
三田線
東武東上線
山手線
直通運行至森林公園
和光市
地鐵成增
地鐵赤塚
平和台
冰川台
小竹向原
千川
要町
池袋
光丘
練馬春日町
豐島園
練馬
新江古田
中井
落合南長崎
西武池袋線
直通運行至飯能
新大塚
茗荷谷
丸之內線
東池袋四丁目
有樂町線
東池袋
鬼子母神前
早稻田
護國寺
江戶川橋
後樂園
大江戶線
目白
雜司谷
西武新宿線
落合
高田馬場
早稻田
神樂坂
東西線
直通運行至三鷹
中央線
荻窪
中野
南阿佐谷
新高圓寺
東高圓寺
新中野
東中野
大江戶線
西早稻田
新大久保
東新宿
牛込神樂坂
飯田橋
若松河田
牛込柳町
神保町
新宿西口
中野坂上
西新宿
西武新宿
曙橋
新宿線
市谷
方南町
中野富士見町
中野新橋
西新宿五丁目
都廳前
新宿
新宿御苑前
四谷
九段下
新宿三丁目
四谷三丁目
麴町
半藏門
南北線
明大前
京王線
笹塚
直通運行至橋本・高尾山口
京王井之頭線
千駄谷
信濃町
丸之內線
青山一丁目
永田町
代代木
國立競技場
北參道
赤坂見附
副都心線
半藏門線
直通運行至唐木田・本厚木
代代木上原
代代木公園
原宿
明治神宮前
小田急線
下北澤
千代田線
外苑前
大江戶線
澀谷
溜池山王
直通運行至中央林間
東急田園都市線
乃木坂
赤坂
二子玉川
表參道
銀座線
東急大井町線
六本木一丁目
中目黑
惠比壽
六本木
東急東橫線
日比谷線
廣尾
神谷町
自由丘
直通運行至菊名
田園調布
大岡山
東急目黑線
南北線
麻布十番
直通運行至日吉
目黑
三田線
白金台
白金高輪
旗之台
東急池上線
五反田
高輪台
泉岳寺
三田
淺草線
西馬込
馬込
中延
戶越
大崎
品川
田町
京濱東北線
大井町
京急蒲田
直通運行至三崎口
天空橋
羽田機場國際線航站樓
京急線
羽田機場國際線大樓
東京櫻花路面電車（都電荒川線）
日暮里

東京小日子

校園生活×打工賺錢×暢玩東京

Long stay

作　　者　妙妙琳
封面攝影　銳宸專業攝影
和服提供　梓愛和服 日本正統和服
發 行 人　程顯灝
總 編 輯　呂增娣
主　　編　徐詩淵
資深編輯　鄭婷尹
編　　輯　吳嘉芬、林憶欣
美術主編　劉錦堂
美術編輯　曹文甄、黃珮瑜
行銷總監　呂增慧
資深行銷　謝儀方、吳孟蓉
發 行 部　侯莉莉
財 務 部　許麗娟、陳美齡
印　　務　許丁財

出 版 者　四塊玉文創有限公司
總 代 理　三友圖書有限公司
地　　址　106台北市安和路二段二一三號四樓
電　　話　(02) 2377-4155
傳　　真　(02) 2377-4355
E-mail　service@sanyau.com.tw
郵政劃撥　05844889 三友圖書有限公司

總 經 銷　大和書報圖書股份有限公司
地　　址　新北市新莊區五工五路二號
電　　話　(02) 8990-2588
傳　　真　(02) 2299-7900

製版印刷　卡樂彩色製版印刷有限公司
初　　版　二〇一八年八月
定　　價　新台幣三〇〇元
ISBN　978-957-8587-34-2（平裝）

國家圖書館出版品預行編目(CIP)資料

東京小日子：Long stay！ 校園生活×打工賺錢×暢玩東京 / 妙妙琳作. -- 初版. -- 臺北市 : 四塊玉文創, 2018.08

面； 公分

ISBN 978-957-8587-34-2(平裝)

1.旅遊 2.留學 3.副業 4.日本東京都
731.72609　　107011832

SAN YAU
http://www.ju-zi.com.tw
三友圖書
友直 友諒 友多聞

Aphrodite's
玫瑰的旅行者
「Aphrodite's 艾芙蘿黛蒂斯」，源自西方希臘神話愛情與美麗的女神"Aphrodite"(即後來羅馬稱之為美之女神"維納斯")，系列產品以玫瑰的香味為基底，希望能透過品牌細心的呵護及保養，讓每一個女人都成為傳說中"最美的女神"，也希望透過品牌的使用，讓每個使用者都能猶如蝴蝶般的蛻變與美麗。
Wechat小程序
官方網站
Facebook
Moisturizing Repairing Mask
Brightening Mask
極速超導保濕修護面膜
極速亮采嫩膚面膜
艾芙蘿黛蒂斯生技有限公司 +886-4-22555720
台中市西屯區市政路500號18楼之1 f.aphrodites@gmail.com
凝齡實業(上海)有限公司
中國(上海)自由貿易試驗區加太路39號3幢二層10室

君の美しさを作って
差し上げる
堅持日本職人精神
成就屬於您的大和之美
【梓愛和服】日本正統和服
鋭宸專業攝影

La Rose du Roi
國王玫瑰，奇蹟般四季皆盛開的玫瑰花
“帶給你不分季節的美麗”
Crystal from Swarovski
世界首創　多國專利
“讓保養品更是珍藏品”
極地玫瑰胜肽面膜
F 玫瑰沁涼保濕晶萃絲面膜
F 玫瑰柔嫩亮白晶萃絲面膜
Aphrodite's
極地玫瑰胜肽面膜
肌膚的璀璨時光
Aphrodite's
F面膜．玫瑰的旅行者．
F 玫瑰沁涼保濕晶萃絲面膜
Aphrodite's
F面膜．玫瑰的旅行者．
F 玫瑰柔嫩亮白晶萃絲面膜
This skin mask helps nourish skin, and increases brightness for skin.
This increase Tranexamic Acid, makes your skin naturally white.
28ML
Aphrodite's
Aphrodite's
Aphrodite's
Step.1
玫瑰奇蹟潤澤化妝水
補水：倍速活化肌膚
Step.2
玫瑰奇蹟晶鑽精華露
保水：煥發彈性光澤
Step.3
玫瑰奇蹟光采亮顏乳霜
鎖水：深層修護緊緻
「獨家專利」
添加 Swarovski 百顆晶鑽 + 單顆1.3克拉水
讓美麗不只停留於臉上，更延伸至珍藏品。
※本產品申請多國專利，請勿仿冒。